州美术学院学术著作出版基金资助出版

以图释史

——中国古代体育探源

于兆杰 编著

人民体育出版社

图书在版编目（CIP）数据

以图释史：中国古代体育探源 / 于兆杰编著. 北京：人民体育出版社, 2024. -- ISBN 978-7-5009-6503-9

Ⅰ.G812.92

中国国家版本馆CIP数据核字第2024W1J966号

*

人民体育出版社出版发行
北京明达祥瑞文化传媒有限责任公司印刷
新　华　书　店　经　销

*

787×1092　16开本　12.25印张　244千字
2024年11月第1版　2024年11月第1次印刷

*

ISBN 978-7-5009-6503-9
定价：76.00元

社址：北京市东城区体育馆路8号（天坛公园东门）
电话：67151482（发行部）　　邮编：100061
传真：67151483　　　　　　　邮购：67118491
网址：www.psphpress.com

（购买本社图书，如遇有缺损页可与邮购部联系）

前　言

中华民族有着上下五千年的文明发展史，孕育了丰富多彩、灿烂多元的古代文化，为人类文明史作出了卓越的贡献。而中国古代体育运动既是中华优秀传统文化的重要组成部分，又是中华优秀传统文化中较为活泼的因素，许多古代体育项目是非物质文化遗产的重要内容。

体育是一种社会现象，它是根据社会生产和社会活动的需要而发展起来的一种文化活动，是人们在社会生产和生活中不断创造、丰富和发展起来的，中国古代体育是中华民族劳动与智慧的结晶。

体育的发展始终受到不同历史时期政治、经济、军事、哲学思想及民族风俗的影响。因此，中国古代体育在各个不同历史阶段的表现形式和发展方向都呈现出鲜明的时代色彩，在历史上曾经吸引和影响过世界许多民族。

中华民族文化兼收并蓄，源远流长，一个重要原因就是它的包容性，与其他民族文化和睦相处，对外来文化兼收并蓄，能够吸收、借鉴其他民族文化的积极成分。同样，我国古代体育在其形成发展的过程中，也吸收、融合了不少其他民族的体育成分。

我国众多的古代体育项目蕴含了深刻的价值观、文化愿景和情感认同，已深深融入中华优秀传统文化血脉中，是中华民族珍贵的历史文化财富。但随着社会的发展和演变，包括古代体育文化在内的生态环境也发生了巨大变化。一些传统文化日渐式微，甚至逐渐湮没。2005年，国务院下发了关于保护非物质文化遗产的系列文件，提出要从"对国家和历史负责的高度"和"维护国家文化安全的高度"保护我国民族非物质文化遗产。众多古代体育项目是国家级、省（市）级非物质文化遗产项目。当前，在我国非物质文化遗产保护工程实施下，对我国古代体育进行发掘、研究和保护，对于我国古代体育项目的继承保护、传承发展有着积极的促进作用。同时，对提高国人的民族自信心和民族自豪感，丰富和发展体育学科，促进体育事业的发展都有重要的意义。

《以图释史——中国古代体育探源》以我国古代体育具体项目为研究对象，沿着历史的轴线，以我国古代体育项目的产生、发展、流变为研究脉络，探究我国古代体育的产生背景，溯源我国古代体育如球类、武术与养生、角力对抗、棋类、水上运动、冰雪运动、射艺与马术等项目的源起与流变。通过介绍蹴鞠、角抵、龙舟赛、冰嬉、射艺、马术等古代体育活动，考证体育典籍、分析体育思想、解读体育人物等。通过古代文物实物图像、岩画石刻、历代名画、出土陶俑和瓷器、墓葬壁画的考证和分析，以图释史、以图佐文，多元探究我国古代体育的发展流变，多角度再现我国古代体育在不同历史时期发展的原貌和形态变迁。

本书成书过程中得到了广州美术学院科研创作处、艺术与人文学院同事们的大力支持，他们为本书的成功出版出谋献策，在诸多方面给予了大力支持：李孟琦对全书进行统稿和文字梳理；戴苗、于辰宜等对本书中图片的查询、归类和整理做了大力协助；张晶为本书出版做了大量沟通联系，一并致谢。

目 录

第一章　球类运动 …………………………………………………（1）

　　一、蹴鞠………………………………………………………（2）
　　二、马球………………………………………………………（17）
　　三、捶丸………………………………………………………（28）

第二章　武术与导引养生 …………………………………………（35）

　　一、武术………………………………………………………（36）
　　二、导引养生…………………………………………………（57）

第三章　角力对抗类 ………………………………………………（69）

　　一、角抵………………………………………………………（70）
　　二、相扑………………………………………………………（74）
　　三、摔跤………………………………………………………（81）

第四章 棋类运动 ……………………………………………………（85）

一、围棋 …………………………………………………………（86）
二、象棋 …………………………………………………………（93）
三、七国棋 ………………………………………………………（98）
四、六博 …………………………………………………………（100）
五、双陆棋 ………………………………………………………（105）

第五章 水上运动 ……………………………………………………（111）

一、龙舟竞渡 ……………………………………………………（112）
二、弄潮 …………………………………………………………（124）
三、游泳 …………………………………………………………（128）

第六章 冰雪运动 ……………………………………………………（137）

一、冰嬉 …………………………………………………………（138）
二、冰床和溜冰鞋 ………………………………………………（145）
三、滑雪 …………………………………………………………（148）

第七章 射艺与马术 ……………………………………………（153）

一、射艺 …………………………………………………（154）

二、马术 …………………………………………………（172）

参考文献 ……………………………………………………（185）

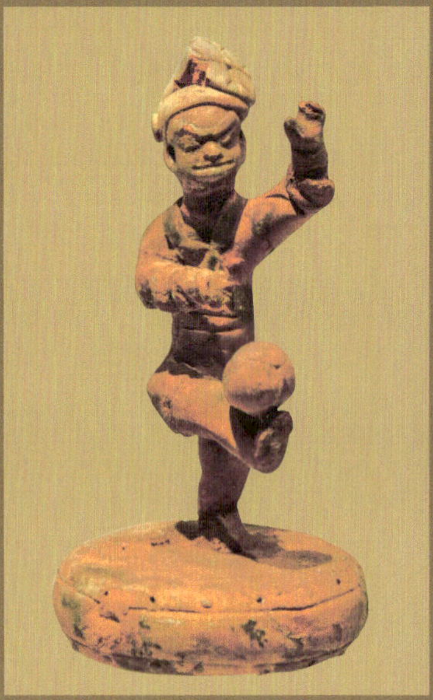

第一章 球类运动

蹴鞠，又称古代足球，起源于战国时期的齐国，又是游戏和竞技的娱乐休闲活动形式。蹴鞠在汉代得到快速发展，唐宋时期发展至顶峰，唐代出现充气的「鞠」，并且有了球门，使得中国蹴鞠在1200多年前就采用了和现代足球相似的设备和方法。

捶丸，起源于宋代，由唐代的「步打球」发展而来。捶丸在场地上设球穴，比赛时以棒击球进穴，以筹计胜负，与现在的高尔夫球运动类似。捶丸，宋辽金元时期十分盛行；明代虽不如先前普及，但皇宫之中仍然流行；于清代衰落，仅妇女、儿童间进行简单的捶丸。

马球，也称马毯，在我国古代被称为「击鞠」。游戏者分两队乘马，且手持球伏，共击一球，以打入对方球门为胜。马球的发明始于汉代，兴盛于唐宋时期。在东汉后期，马球曾作为强身健体和士兵练习的方法之一。马球发展至唐代，娱乐因素的比例渐增。至明清时期，马球运动仍较流行，但已从原来的竞赛项目变为击球表演的娱乐活动。

一、蹴鞠

蹴鞠即古代足球，"蹴"即踢，"鞠"即球，简而言之，"蹴鞠"即踢球。西汉学者刘向在《别录》中写道："蹴鞠，传言黄帝所作，所以练武士知有材也。"明朝《太平清话》也有记载："踏鞠始于轩后，军中练武之剧，以革为元囊，实以毛发。"记载黄帝把蹴鞠作为军中的一种训练手段。鞠是用皮革制成球状，在里面填充毛发、丝线、糠之类细软。

蹴鞠最早所踢的球是石球。1954年首次在丁村文化遗址发现约十万年前的石球；1974—1976年在山西许家窑文化遗址陆续发现距今约四万年前的石球。石球最早是狩猎工具，原始社会后期出现了用脚踢的石球及镂空的陶球[1]。20世纪50年代，在西安半坡遗址中曾出土随葬石球，据推测，这些石球一方面具有狩猎时的投掷作用，另一方面为黄帝时代的蹴鞠活动的传说提供了实物佐证。

石球（西安半坡遗址出土）

《汉书·枚乘传》颜师古注云："蹴，足蹴之也；鞠，以革为之，中实以物；蹴踢为戏乐也。"蹴鞠既是一种体育运动，又是古代百戏的一个组成部分。战国时期已十分流行，是我国足球运动的早期形式。

最早记载蹴鞠的是《战国策·齐策》，书中记载："临淄之中七万户……

---

[1] 中国蹴鞠, 世界上最早的足球 [EB/OL]. [2019-11-16]. https://baijiahao.baidu.com/s?id=1650364463803349988

甚富而实，其民无不吹竽、鼓瑟、击筑、弹琴、斗鸡、走犬、六博、蹋鞠者。"《汉书》作者班固将蹴鞠列入兵家技巧类，并称"以立攻守之胜者也"。《盐铁论·刺权》中："贵人之家……蹋鞠斗鸡"为乐。而《盐铁论·国疾》中"康庄驰逐，穷巷蹋鞠"明显描写的是平民百姓。颜师古又在《汉书·艺文志》注中说："鞠，以皮为之，实以物，蹴蹋之以为戏也。"[1]可见汉代蹴鞠主要有两种活动形式，分别是作为练兵手段的军队蹴鞠和娱乐性质的民间蹴鞠，右图为宋代的红陶胡人踏鼓蹴鞠像。

宋　红陶胡人踏鼓蹴鞠像

（一）汉代蹴鞠

蹴鞠发展至汉代，普及范围进一步扩大，作为一项娱乐活动赢得了上至皇帝，下到市井子弟的广泛喜爱，正如《盐铁论·国疾》中所说"康庄驰逐，穷巷蹋鞠"。西汉中期以后，市井子弟"穷巷蹋鞠"是常见的景象；《汉书·卫青霍去病传》记载，霍去病塞外出征之时，"穿域蹋鞠"以为戏乐；《汉书·贾邹枚路传第二十一》载枚乘之子枚皋赋辞曰："弋猎射驭狗马蹴鞠刻镂，上有所感，辄使赋之。"《西京杂记》（卷二，五十一：弹棋代蹴鞠）记载，汉成帝酷爱蹴鞠，众臣怕他劳累所以认为不适合他："成帝好蹴鞠，群臣以蹴鞠为劳体，非至尊所宜"。东汉皇宫中专门修建有踢球的地方，如含章鞠室及灵芝鞠室。蹴鞠在汉代宫廷的盛行，可能与汉高祖刘邦有很大关系。《西京杂记》有关于汉高祖刘邦以太上皇平生好蹴鞠，营建"新丰"之地，满足其父蹴鞠之好的记载："太上皇（刘邦之父）徙长安，居深宫，凄怆不乐。高祖窃因左右问其故，以平生所好，皆屠贩少年，酤酒卖饼，斗鸡蹴鞠，以此为欢。今皆无比，故以不乐。高祖乃作新丰，移诸故人实之，太上皇乃悦。"描述了刘邦登上皇位后，将其父接到了长安，但刘父享受着荣华富贵的生活却闷闷不乐，私下打听才了解到没有了乡里乡亲的往来，没有了斗鸡蹴鞠的情趣，故而闷闷不乐。于是，刘邦将家乡的乡亲们请至长安，并建成新丰，让其父和乡亲蹴鞠玩乐。足见蹴鞠在汉代的普及和民众的喜好程度。

---

[1] 班固.汉书[M].北京：中华书局，2012.

藏于陕西历史博物馆的蹴鞠俑，泥俑虽然粗糙，但可以清晰地看到人物脚背上的球。泥俑右腿弯曲，球黏在脚背，呈颠球状。

1. 军事蹴鞠

蹴鞠兼有娱乐和锻炼的功能，是军队练兵和集体游戏的方式，也是当时的必然选择。汉代刘向《别录》中记："皆因嬉戏而讲练之，今军士无事，得使蹴鞠"。在《汉书》中，《蹴鞠二十五篇》与《射法》《剑道》《手博》等著作一同被列入"兵技巧十三家"，说明蹴鞠在军事训练中的应用。"蹋鞠，兵势也。所以练武士，知有材也，皆因嬉戏而讲练之。"蹴鞠兼有娱乐和锻炼体魄的功能，所以蹴鞠在汉代的军事训练中得到应用。《汉书·艺文志》有"蹴鞠二十五篇"，并作了这样的描述："技巧者，习手足，便器械，积机关，以立攻守之胜者也。"《史记·卫将军骠骑列传》记载："其（霍去病）在塞外，卒乏粮，或不能自振，而骠骑尚穿域蹋鞠（穿域，指穿地为鞠室，相当于球门）。事多此类。"可见蹴鞠在兵营中的受欢迎程度。作为军事训练的蹴鞠与现代足球运动颇为相似，具有很强的对抗性和竞技性。《文选·何晏〈景福殿赋〉》："僻脱承便，盖象戎兵。"[1]吕延济（唐）注："言蹴鞠之徒，便僻轻脱，承敌人之便，以求其胜，此乃如戎兵之事。"参与蹴鞠运动的士兵，既要能够快速奔跑，又要有对抗推摔的能力，对体能、团队和纪律性都有很好的锻炼，加上本身的娱乐功能，作为军事练习的内容也成为自然。画像石《蹴鞠图》中刻有两个身材高大的蹴鞠者，左侧一人双手持稍微弯曲的条状物，可能是击打战鼓的鼓槌或类似匕首的短刀，有学者认为左侧为持刀练习者，此观点有待商榷。可能体现的就是军事训练的蹴鞠。

东汉 蹴鞠俑（陕西历史博物馆藏）

画像石《蹴鞠图》（河南南阳出土）

---

[1]南朝梁萧统编选先秦至梁的各体文章，取名《文选》。分为三十八类，共七百余首。为我国现存最早的诗文总集。

2. 娱乐蹴鞠

两汉时期的蹴鞠，按其表现形式可分为表演性蹴鞠和竞技性蹴鞠。表演性蹴鞠是以娱乐为目的，合着音乐的伴奏，以脚、膝、肩、头等身体的不同部位进行颠球、踢球、跳球等控球技能的表演，有人称为"蹴鞠舞"，是百戏中的重要节目。按照东汉时期李尤的《鞠城铭》中的描写，竞技性蹴鞠有正方形的球场，场地四周有围墙，称为"鞠城"。

汉代画像石中蹴鞠的娱乐性功能多体现为与舞、乐相伴。在出土的蹴鞠画像石中，一般都有乐队伴奏及其他形式的舞蹈，以及杂技表演相伴，蹴鞠者边蹴边舞。画像石《击鼓蹴鞠图》中刻画的场景表明汉代蹴鞠已具有表演功能，且有音乐伴奏，有观众欣赏，应该说是达到了一定的艺术表演水准。画面中一位高官坐观百戏表演，背后有一侍者，面前是一小吏拜伏于地上。中间有一个大建鼓，鼓的两面各有一人正挥臂击鼓，而脚下各有两只鞠，其动作姿势是边击鼓边蹴鞠，是击鼓与蹴鞠相结合的表演。

画像石《击鼓蹴鞠图》（陕西绥德出土）

在南阳方城发现一汉墓的南门北扉背面，刻画有《蹴鞠奏乐图》。整幅画像分为三层，上层三人分别吹排箫、吹埙和击柎鼓；下层有一人扶几而座；中层刻画蹴鞠活动。画面中二人以足踢鞠，右边踢者抬右足击球，左边踢者欲以足接球。在二人身旁置一酒樽，应该是正在进行蹴鞠比赛，酒作为赢者的奖赏或输者的惩罚。这一画像从实物上证明汉代已经出现了对抗性的蹴鞠比赛。

画像石《蹴鞠奏乐图》（河南南阳出土）

画像石《乐舞蹴鞠图》的画面下层中间立一建鼓，建鼓为兽形跗座，鼓两侧有两人边蹴鞠边击鼓跳舞，左侧有弄丸艺人，右侧有吹竽、摇鼗鼓伴奏。上方有一艺人挥袖作舞。

画像石《乐舞蹴鞠图》（江苏徐州出土）

目前所发现的有关蹴鞠画像石的内容大都是属于娱乐表演性的蹴鞠，而对抗性的集体蹴鞠尚未发现，但从有关书籍中还是可以发现集体对抗蹴鞠的影子。根据汉代李尤的《鞠城铭》中的描述："圆鞠方墙，仿象阴阳。法月衡对，二六相当。建长立平，其例有常。不以亲疏，不有阿私。端心平意，莫怨其非。鞠政由然，况乎执机！"《鞠城铭》描述了当时蹴鞠对抗的基本情况，在方形场地，双方对等对抗，在行为制度文化层面的规则，以及裁判、比赛当中遵守的道德规范。

蹴鞠竞赛有专门的球场，称为"鞠城"，射球门称为"鞠室"。圆形的鞠、方形的围墙，象征着"天圆地方，阴阳相对"，仿效一年12个月，十二人对阵抗衡，反映了汉代"天人合一，道法自然"的观念。比赛时，双方各有六人参加，一方进攻，一方防守。整个比赛过程拼抢激烈，以攻占对方阵地为胜。从这点来看，当时的蹴鞠已经将竞技和娱乐融为一体，比赛有裁判主持，有统一的竞赛规则，还特别强调裁判要公正执法，可见当时的蹴鞠便已具备竞技运动的雏形[1]。

---

[1] 于兆杰.于无声处——汉代画像石中的体育娱乐活动[M].北京：中国纺织出版社有限公司，2023.

汉代蹴鞠场地与竞赛示意图

3. 女子蹴鞠

值得一提的是，汉代的蹴鞠画像石中，已有女子蹴鞠活动出现。河南南阳就曾出土了三块女子汉代蹴鞠画像石。画像石《女子蹴鞠图Ⅰ》是河南登封嵩山少室阙之上的画像石，显示一女子高髻云鬟，跃身侧踢，长袖舞动，姿态潇洒，并能自如掌控蹴鞠。

画像石《女子蹴鞠图Ⅱ》刻于河南登封嵩山启母阙上，画面中一个头挽高髻的女子，高高跃起，凌空蹴鞠，同时长袖飘飘，身姿轻盈、灵动。图中另有两人各立两侧，击鼓伴奏，再现了汉代蹴鞠运动的真实场面。

画像石《女子蹴鞠图Ⅰ》（河南登封嵩山少室阙）

画像石《女子蹴鞠图Ⅱ》（河南登封嵩山启母阙）

画像石《蹴鞠长袖舞图》的画面中一女子长袖飘飘，高髻束腰，挥动双臂，正在一足蹴一鞠，舞态轻盈，动作优美。

画像石《蹴鞠长袖舞图》（河南南阳出土）

在其他出土的画像石和画像砖中，也有不少女子蹴鞠画面，说明女子蹴鞠在当时非常普遍。

（二）唐代蹴鞠

蹴鞠在唐朝是很普遍的运动，从王公贵族到普通百姓无不显现出对蹴鞠的热爱。杜甫的《清明二首》一诗提到："十年蹴鞠将雏远，万里秋千习俗同"，足见蹴鞠在民间的普及。

唐代出现了充气的蹴鞠。最初蹴鞠是在球内填充毛发、丝织等细软物，球呈实心的软体，唐代则出现充气的空心球。唐代仲无颇的《气毬赋》："气之为球，合而成质。俾腾跃而攸利，在吹嘘而取实。尽心规矩，初因方以致圆；假手弥缝，终使满而不溢。苟投足之有便，知入门而无必。时也广场春霁，寒食景妍。交争竞逐，驰突喧阗。或略地以丸走，乍凌空以月圆。"唐代归氏子《答日休皮字诗》："八片尖裁浪作毬，火中燖了水中揉。一包闲气如长在，惹踢招拳卒未休。"说明了唐代蹴鞠的材质、形制、制作及游戏方法。

唐代蹴鞠有了球门。马端临在《文献通考·乐考二十》中说："蹴球，盖始于唐，植两修竹，高数丈，络网于上，为门以度球。球工分左右朋，以角胜负。"

唐代蹴鞠重视技巧，讲究踢球时展现出的各式技艺，以此来评判球技的高低。《酉阳杂俎》中记载:"张芬曾为韦皋行军,曲艺过人,常于福感寺赶鞠,高及半塔。"

蹴鞠也是唐代女子喜爱的春日休闲项目。清朝李渔《美人踢球》描写女子踢球,道:"蹴鞠当场二月天,春风吹不两婵娟。汗沾粉面花含露,尘拂峨眉柳带烟。"

唐代女子蹴鞠的玩法是以踢高、踢出各种花样为评价标准,是没有球门的,称为"白打"。唐代诗人王建有一首《宫词》:"宿妆残粉未明天,总立昭阳花树边。寒食内人长白打,库中先散与金钱。"描述寒食节宫女蹴鞠喜乐的情景。韦庄的《长安清明》有"内官初赐清明火,上相闲分白打钱",描绘了清明节宫人参与蹴鞠活动,分得赏钱的情况。另外,唐太宗、唐玄宗等皇帝也都喜爱蹴鞠活动,喜欢看宫女的蹴鞠表演,唐玄宗李隆基的诗句"五彩毛团翻上下,原是双娇踢球来"描写了当时女子的蹴鞠活动。诗人王维《寒食城东即事》诗中说,"蹴鞠屡过飞鸟上,秋千竞出垂杨里",描写尽管有些夸张,但可以肯定的是当时女子踢球的高度不低。

明代画家杜堇的《仕女蹴鞠图》描绘了一群风华正茂的仕女在满园春色中欢快踢球,人物身姿窈窕,展现了古代仕女运动时轻盈舒展的动态之美。

明 杜堇《仕女蹴鞠图》局部

(三)宋代蹴鞠

宋代蹴鞠活动的发展更为普及。蹴鞠在社会各阶层都非常流行,宫廷府第常有蹴鞠之戏,市井蹴鞠活动也随处可见。"举目则秋千巧笑,触处则蹴鞠疏狂。"宋代蹴鞠有单球门和白打两种形式。陆游在《残春》里描写到:"乡村年少那知此,处处喧呼蹴鞠场。"《武林旧事》记载:"筑球三十二人——左军一十六人:球头张俊、蹴球王怜、正挟朱选、头挟施泽、左竿网丁诠、右竿网张林、散立胡椿等。右军一十六人：球头李正、蹴球朱珍、正挟朱选、副挟张宁、左竿网徐宾、右竿网王用、散立陈俊等。"记录了对抗双方的位置和名称，即球头、蹴球、正挟、头挟、左竿网、右竿网、散立等。

《东京梦华录》描述了北宋"天宁节"期间，皇室贵族观赏的一场蹴鞠比赛。"左右军筑球，殿前旋立球门，约高三丈许，杂彩结络，留门一尺许。左军球头苏述，长脚幞头，红锦袄，余皆卷脚幞头，亦红锦袄，十余人。右军球头孟宣，并十余人，皆青锦衣。乐部哨笛杖鼓断送。"描述了球门装饰、对阵双方的服饰等。比赛开始，"左军先以球团转众，小筑数遭，有一对次球头，小筑数下，待其端正，即供球与球头，打过球门。右军承得球，复团转众，小筑数遭，次球头亦依前供球与球头，亦打过，或有则便复过者胜。"获胜者则"赐以银碗锦彩"。结束时按过球的多少决定胜负，胜者有赏，负方受罚，队长要吃鞭子，脸上涂白粉[1]。

元代钱选所绘的《宋太祖蹴鞠图》，描绘了宋太祖赵匡胤与其弟赵光义（宋太宗），以及赵普等大臣们踢球的场面。

元　钱选《宋太祖蹴鞠图》

《宋太祖蹴鞠图》原作为北宋名画家苏汉臣所绘，钱选心怀仰慕临摹此画，并题字曰："蹴鞠图旧藏秘府，今摹图之。若非天人革命，应莫观之，言何画哉。"据考证，画中身穿白袍戴头巾的两人为宋太祖赵匡胤和宋太宗赵光义，赵光义正在蹴鞠，将球挑起。穿紫袍之人是当时的宰相赵普，其余三个人分别是大将党进、石守信和楚昭辅。整个画面呈现了君臣相处融洽、其乐融融的温馨氛围。另外，从画面中我们可以看到，宋朝的蹴鞠在形制上和现代足球已非常接近了。

---

[1] 冯国超.中国传统体育[M].北京：首都师范大学出版社，2006.

宋徽宗赵佶也酷爱蹴鞠，他的大臣李邦彦、高俅都以擅长蹴鞠而出名，尤其是高俅。在《水浒传》第二回中，描写了高俅在端王府展示"麒麟拐"的绝技。高俅为端王表演球技时，"才踢几脚，端王喝采。高俅只得把平生本事都使出来，奉承端王。那身分模样，这气球一似鳔胶粘在身上的。"寥寥几句话，就凸显了高俅高超的踢球技巧和超高水平。

蹴鞠发展至宋代，"白打"在踢法和规则等方面也逐渐规范起来。白打人数从一人场到十人场不等。据《蹴鞠图谱》记述："直身正立，不许拗背。或打三截解数，或打成套解数，或打活解数。一身俱是蹴鞠，旋转纵横，无施不可。虽擅场校尉，千百中一人耳。""解数"就是踢球的套路和玩法。用肩、头、胸等身体部位接触球的方法称为"上截解数"；用膝关节以上的部位触球为"中截解数"；用小腿和脚踢球称为"下截解数"。正如《蹴鞠谱》上说"脚头十万踢，解数百千般"[1]。

南宋，有了类似现代足球俱乐部的专门蹴鞠组织——齐云社，"齐云社"又称"圆社"，在南宋时期，是蹴鞠艺人组织的民间团体。《蹴鞠谱》对齐云社有专门的记载，"圆社江湖雅气多，风流富贵事如何；王孙公子须请踢，少年勤学莫蹉跎。"称赞"蹴鞠成功难尽言，消食健体得安眠。本来遵演神仙法，此妙千金不易传。""巧匠圆缝异样花，智轻体健实堪夸。能令公子精神爽，善诱王孙礼义加。"齐云社还制定了《齐云社规》，对成员品德修养、比赛要求、违规惩戒都作了规定。如制定了"十紧要"，即要和气、要信实、要志诚、要行止、要温良、要朋友、要尊重、要谦让、要礼法、要精神。还有"十禁戒"，即戒多言、戒赌博、戒争斗、戒是非、戒傲慢、戒诡诈、戒猖狂、戒词讼、戒轻薄、戒酒色。齐云社还制定了比赛的规则："以鼻为界分左右，是在左使左，在右使右。侧边依拐，在肩使肩，在膝使膝，是搭使搭，当肷即肷，并要步活眼亲，两手如提重物，方为圆社。不许入步拐，不许退步打，不许入步肩，不许退步背，不许入步蹑，不许入步膝，要四厢不背，用远近着人，任风起不踢，酒后不可踢。"

宋代苏汉臣的《长春百子图》、马远的《蹴鞠图》、元代钱选临苏汉臣的《宋太祖蹴鞠图》、明代杜堇《仕女蹴鞠图》、清代黄慎《蹴鞠图》等历代书画均以蹴鞠为题，画面中，上至王公贵族、下至平民百姓皆乐在其中。《文献通考》记载："宋女弟子队一五三人，衣四色，绣罗宽衫，系锦带，踢绣球，球不离足，足不离球，华庭观赏，万人瞻仰。"由此可见，足球运动作为强健身体的一项重要的体育运动，在我国很早就受到了人们的喜爱和重视。

---

[1] 中国足球历史前世今生的轮回：精彩的中国足球［EB/OL］.［2022-12-05］. https://www.163.com/dy/article/HNRES1OC05561290.html.

在苏汉臣的《长春百子图》中，有一部分便以蹴鞠为主题。画面中，一个孩童正在用脚颠球，另外三个孩童正认真围观，他们的眼睛都紧紧注视着球，表现了孩童的天真活泼和对蹴鞠的喜好。

宋　苏汉臣《长春百子图》局部

宋代女子也以蹴鞠为乐，宋代的《蹴鞠纹陶枕》即描绘了民间女子踢球的情景。另有不少宋代铜镜中有男、女或男女对踢球的纹饰。

宋　《蹴鞠纹陶枕》

周密《武林旧事·放春》记载："举目则秋千巧笑，触处则蹴鞠疏狂……于是相继清明节矣。"《唐语林》记载："今乐人又有踢球之戏，作彩画木球，高一二尺，女妓等蹑，球转而行，萦回去来，无不如意，盖古长蹴鞠之遗事也。"

南宋马远的《蹴鞠图》描绘了男女众人在庭院蹴鞠的场景，画中有人翘首仰望着空中的球，有人悠闲自得，既紧张又活泼生动。

（四）辽金元蹴鞠

辽、金、元时期的蹴鞠依然为皇宫贵族所喜爱。"皇帝生辰，乐次……酒六行，筝独弹，筑球。"在关汉卿的《南吕·一枝花·不伏老》散曲中记有"会打围，会蹴鞠，会围棋……"另有元曲"见游人车马闹，王孙争蹴鞠。""似这般女校尉从来较少，随圆社常将蹴鞠抱抛，占场儿陪伴了些英豪。那丰标！体态妖娆。"关汉卿的《（越调）斗鹌鹑》记述："得自由，莫刚求。茶余饭饱邀故友，谢馆秦楼，散闷消愁，惟蹴踘最风流。演习得踢打温柔，施逞得解数滑熟。引脚蹬龙斩眼，担枪拐凤摇头。一左一右，折叠鹘胜游。"相关记述，都说明了蹴鞠在当时的普及。《蹴鞠纹青铜镜》现藏于中国国家博物馆。铜镜背面的浮雕内容是蹴鞠游戏图，人物是一对男女。根据当时的社会环境推测，这些女性是专门陪人踢球以玩乐消遣的艺人。

宋　马远《蹴鞠图》

宋　《蹴鞠纹青铜镜》（中国国家博物馆藏）

（五）明清蹴鞠

　　蹴鞠虽然在明朝仍流行，但呈衰落之势。双球门的直接对抗已经不见了。汪云程所著的《蹴鞠图谱》所记的单球门也非常鲜见。流行于世的只是个人表演性的一至三人场式的蹴鞠[1]。《明史》记载，吴王张士诚的弟弟张士信，"每出师，不问军事，辄携樗蒲（一种赌具）、蹴鞠，拥妇女酣宴。"把蹴鞠活动作为赌博的手段，借以吃喝玩乐。朱元璋为防止军人沉醉于玩乐，涣散斗志，曾下旨严禁军人蹴鞠。《客座赘语》卷十《国初榜文》中记载有"洪武二十二年三月二十五日奉圣旨：'在京但有军官军人学唱的，割了舌头；下棋打双陆的，断手；蹴圆的，卸脚；作买卖的，发边远充军'……又龙江卫指挥伏颙与本卫小旗姚晏保蹴圆，卸了右脚，全家发赴云南。"可见当时处罚之严厉。但这道圣旨也只是禁止军中蹴鞠，然而由于蹴鞠娱乐的本性，未能在民间禁止。明代汪云程在总结前人经验的基础上著书《蹴鞠图谱》，对蹴鞠的各种踢法做了详细叙述。在《蹴鞠图谱》中著录"健色名"24种（有人称为"有品牌的商品鞠"），在明代《蹴鞠谱》中著录"健色名"40种。

　　现藏于北京故宫博物院的《明宣宗行乐图》是明代宫廷绘画中表现帝王生活的作品，描绘明宣宗朱瞻基端坐龙椅，在御园观赏各种体育竞技表演的场面。画面上的活动分别是：射箭、蹴鞠、马球、捶丸、投壶等。此局部图为《明宣宗行乐图·蹴鞠》。

---

[1]黄伟，卢鹰.中国古代体育习俗[M].西安：陕西人民出版社，2004.

诗曰

圆社江湖雅气多　风流富贵事如何

王孙公子须请踢　少年勤学莫蹉跎

夫蹴踘者儒言既蹴踘圆社日齐云乃昔时壮士胃涎之馆惯使王孙公子所喜子弟偏宜能令倒气滑消烦頓目芳江秋美雄游贵衣而达食散欺贫而减瘦身雄肥肯胃山气皇朝英雄雖游贵衣而达食欺贫令反壯榮上無你能如所年乃高頭爱欺能令反壯榮上無你衣我钱方可做子弟也如有習學全在明師指教踢不明師指教如有三不可教一者其性於沙村不通情性二者不讓師教不達踘情三者人無遊

明　《蹴鞠谱》

明　商喜《明宣宗行乐图·蹴鞠》局部

明人王圻的《三才图会》中有蹴鞠图，描绘了三位身穿长衣的士大夫，在庭院里蹴鞠的场景，只见一人抬脚将球踢起，另外两人在一旁密切注意球的落点，准备随时接球。

清代，由于清朝以冰嬉为国戏，蹴鞠活动日渐式微，在史籍上有关蹴鞠的记载已非常少见了。有人将蹴鞠形式与滑冰结合起来，呈现在冰嬉活动中，"习劳行赏，以简武事而修国俗。"每逢农历十月，"每旗照定数各选善走冰者二百名，内务府预备冰鞋、行头、弓箭、球架。"冬至后九日，皇帝"驾幸瀛台等处，陈设冰嬉及较射天球等伎"。

明　王圻《三才图会》蹴鞠图

清代顺治时期，由于蹴鞠被统治者视作"玩物丧志"的活动，遭到了禁止。乾隆皇帝禁止蹴鞠活动。到清末，有文字记载达2000年之久的中国古代蹴鞠在历史舞台上销声匿迹了。

清朝画家黄慎创作了一幅《蹴鞠图》，以表达对这项运动的怀念。画家以线描的手法塑造人物，线条顿挫有致，具有草书、行书的笔意。无论是旁观的人物还是颠球的人物，都显得活灵活现。有学者认为，画家受到了古画《蹴鞠图》的启示，从而使作品更加逼真。

清　黄慎《蹴鞠图》局部

二、马球

马球，也称马毯，在中国古代叫"击鞠"。由于马毯是骑在马上用球杖击球的运动，所以又称"打球""击球"等。

马球发明于汉代，兴盛于唐宋，在东汉后期，曹植《名都篇》中描写了当时打马球的情形："名都多妖女，京洛出少年……连翩击鞠壤，巧捷惟万端。"说明至少在汉末马球已经存在了。有学者认为骑马击鞠的马球运动是唐代时从西藏传入的，也有学者认为是唐时期由波斯传来。目前对于马球的起源尚无明确定论。

马球在古代曾作为练武"习战"的方法之一。马球与古代骑兵的发展有直接关系，它不仅是一项娱乐活动，也是一种训练骑兵的手段[1]。《全唐文》卷三七五记载了唐玄宗在天宝六年（747年），专门颁诏在军中开展马球："天宝六载，孟冬十月，霜清东野，斗指北阙，已毕三农，亦休百工。皇帝思温汤而顺动，幸会昌之离宫，越三日，下明诏：'伊蹴鞠之戏者，善用兵之技也。武由是存，义不可舍。顷徒习于禁中，今将示于天下。'广场惟新，埽除克净；平望若砥，下看犹镜。微露滴而必闻，纤尘飞而不映……珠球忽掷，月仗争击，并驱分镳，交臂叠迹。或目留而形往，或出群而受敌；禀王命以周旋，去天威兮咫尺……百发百中，如电如雷。更生奇绝，能出虑表。"宋元时期有关马球的实物资料亦多有所见。至明清时期，马球运动仍较流行，但已从原来的竞赛项目变为一种击球表演的娱乐活动了。

新疆维吾尔自治区博物馆藏的"彩绘泥塑打马球俑"，1972年出土于吐鲁番阿斯塔纳187号墓，长38厘米，高29.2厘米。马背上的打马球俑蓄八字短须，身穿圆领紧身绛色窄袖长袍，头戴幞头，骑一匹白马飞奔，脚穿黑色皮靴，足踩马镫，双目注视地面，右臂前伸内折，手臂挥杖，做击球状。马俑躯体浑圆，前胸宽阔，四肢强健，充分展现了西域骏马的风采。

唐　彩绘泥塑打马球俑（新疆维吾尔自治区博物馆藏）

---

[1] 任海. 中国古代体育［M］.北京：中国国际广播出版社，2011.

《文献通考》（宋）、《古今图书集成》（清）等古籍将马球归入"蹴鞠"部。实际上蹴鞠和马球并非一类体育运动：马球所用的球小如拳，用质轻而又坚韧的木材制成，中间镂空，外面涂上各种颜色，有的还加上雕饰，称为"彩球""七宝球"等。蹴鞠使用的球"以皮为之，中实以毛"，并是以步行足踢，且与马球起源地点不同。更大的不同是，马球用球杖击打，而蹴鞠用脚踢。马球的球杖长数尺，端如偃月，形状似冰球杆，杖身往往雕上精美纹彩，称为"画杖""月杖"等。

（一）唐代马球

唐代是中国历史上马球运动最兴盛的时期。唐代的文化繁荣、风气开放、政治发达，都是马球能够发展壮大的必不可少的因素。唐朝有十八位皇帝都是马球爱好者。下图为唐代的胡人打马球俑。

唐　胡人打马球俑（陕西历史博物馆藏）

唐初，封演的《封氏闻见记》卷六载："太宗常御安福门，谓侍臣曰：'闻西蕃人好为打球，比令亦习，曾一度观之。昨升仙楼有群胡街里打球，欲令朕见此胡，疑朕爱此，骋为之。以此思量，帝王举动岂亦容易。朕已焚此球以自诫。'"唐太宗听说吐蕃有马球之戏，便命人前去学习。但唐太宗对自己的这一决定很慎重，因为打马球毕竟是一种娱乐活动，因此，当吐蕃人把马球送给他时，唐太宗"焚球自诫"是为了凸显帝王的尊严，而非严禁打马球，而客观情况是打马球在军中和贵族中很快盛行起来。

唐中宗时，"上（中宗）好击球，由是风俗相尚"（《资治通鉴》卷二五三）。此后，王公大臣打马球之事屡见不鲜，女子打马球也非常普遍。

唐代马球运动所用的球是用质轻而坚韧的木材制成的，大小与拳头相似，中间挖空，外面涂朱红色或绘彩；击球杆的顶端呈偃月形；球场为长方形，或在球场的中间设一门，或设在两边。唐代的绞胎马球如右图所示。

汉唐的马球运动，具有娱乐、军事和锻炼的功能。在汉唐时期，面临匈奴等骁勇的骑兵部队对中原的侵犯威胁，从汉武帝时期就开始加强骑兵队伍的建设。《新唐书》载，"自贞观至麟德，四十年间，马增至七十万六千……议谓秦、汉以来，唐马最盛，天子又锐志武事。"可见，唐朝马匹数量异常充足，兴盛"武事"，就是要加强军事力量，应对挑战与侵犯。训练骑兵成为唐朝军队的重要任务，而马球运动成为军队的训练科目之一。唐人阎宽《温汤御毬赋》就明确指出"击鞠之戏者，盖用兵之技也。"

唐　女子男装马球陶俑
（美国波士顿美术馆藏）

唐　绞胎马球

唐　打马球铜镜

宋　佚名《唐明皇击球图》局部（辽宁省博物馆藏）

唐僖宗李儇年间是唐朝马球最为兴盛时期，唐僖宗酷爱马球，有着较高的马球技术，"每持鞠仗乘势奔跃，运鞠于空中，连击数百而马驰不止，迅若雷电，两年老手咸服其能。"兴致高时，唐僖宗竟然和大臣陈敬瑄打球赌江山，《资治通鉴》记载："以先得球而击过球门者为胜，先胜者得第一筹。"结果唐僖宗输球，他竟然封陈敬瑄为三川节度使。由此可见当时人们打马球的狂热程度。

唐朝长安的"月灯阁"是长安城举行马球比赛的地方，称为"月灯阁球会"。按照唐代惯例，在科举考试中，经过殿试之后的新榜进士，要参加系列庆祝活动，其中就有马球比赛。唐末五代王定保所编撰的《唐摭言》记载："咸通十三年（公元872年），三月，新进士集于月灯阁为蹴鞠之会。""乾符四年（公元877年），诸先辈月灯阁打球之会，时同年悉集。"

《唐代长安词典》载：每年新进士经过吏部主持的考试之后，就在月灯阁举行马球会，此期间，都会吸引数以千计的观众前来助威。《唐诗纵谈》描述其盛况："幄幕云合，绮罗杂沓，车马骈阗，飘香堕翠，盈满于路。"《辇下岁时记》载："至清明尚食，都人并在延兴门看内人出城洒扫，车马喧闹。新进士则于月灯阁置打毬之宴。"

1971年7月，发掘陕西的唐代章怀太子李贤之墓时，在其墓道壁的上壁发现墓葬壁画《马球图》，再现了唐代打马球的激烈场景。共有二十多位骑手，骑跨体态丰满的骏马，手执偃月形球杖，飞奔击球。骑手们动作各异，动静结合，整个场面竞争相当激烈，整个画面的布局紧张而有序，可谓"疏可走马，密不透风"。

唐　《马球图》局部

2004—2005年在陕西省富平县发掘的李邕墓中，再次发掘出打马球的壁画。李邕是李渊第十五子虢王李凤嫡孙，画面中部两人骑马挥杆，争抢一马球。画面刻画细致、线条流畅，是继章怀太子墓发现马球壁画后的又一重要证据。

唐　李邕墓壁画《马球图》局部

唐代，富豪子弟也都喜欢打马球，唐人李廓《长安少年行》中"长拢出猎马，数换打毬衣"正是少年子弟们狂热于打马球的写照。

唐代诗人蔡孚在《打球篇》中形象地描绘出马球和球杖，"宝杖雕文七宝球""初月飞来画杖头"。《资治通鉴》记载着马球的比赛规则："凡击毬，立毬门于毬场，设赏格。各立马于毬场之两边以俟命。神策军吏读赏格讫，都教练使放毬于场中，诸将皆驰马趋之，以先得毬而击过毬门者为胜。"也就是说，参赛者要将球用球杖打入对方球网中，则得到一筹，也就是得一分。最后，得分高者获胜。

唐代诗人张祜的《观泗州李常侍打球》，生动描写了打马球的精彩场面："日出树烟红，开场画鼓雄。骤骑鞍上月，轻拨镫前风。斗转时乘势，旁捎乍进空。等来低背手，争得旋分骖。远射门斜入，深排马迥通。遥知三殿下，长恨出征东。"

唐代宫中女子也喜欢打马球，但将马换成了驴。

前蜀王建的《宫词》中"新调白马怕鞭声""隔门摧进打球名"，描绘的就是宫女们击球的场景。

洛阳博物馆的"彩绘陶打马球女俑"，梳高髻，着男装，弯腰低首。这件打马球俑造型生动，再现了唐代风行的马球运动，女性参与其中，展现了大唐的开放风气。前蜀王建的《宫词》"新调白马怕鞭声""隔门催进打毬名"。五代后蜀花蕊夫人《宫词》"自教宫娥学打毬，玉鞍初跨柳腰柔。上棚知是官家认，遍遍长赢第一筹"，就是描写宫女打球娱乐的情况。张籍的《寒食内宴二首》中写道："廊下御厨分冷食，殿前香骑逐飞毬。千官尽醉犹教坐，百戏皆呈未放

唐　彩绘陶打马球女俑
（洛阳博物馆藏）

休。"和凝的《宫词》中写道:"两番供奉打球时,鸾凤分厢锦绣衣。虎骤龙腾宫殿响,骅骝争趁一星飞。"都描写了宫女打马球时的情形。

《便桥会盟图》是元代画家陈及之创作的纸本白描画,现藏于北京故宫博物院。该画卷再现了唐太宗李世民与突厥颉利可汗在渭水便桥结盟修好的历史事件。

元　陈及之《便桥会盟图》局部

《旧唐书·郭英乂》记载:"……又颇恣狂荡,聚女人骑驴击球,制钿驴鞍及诸服用,皆侈靡装饰,日费数万,以为笑乐"。《新唐书·郭知运》有类似记载:"……又教女伎乘驴击球,钿鞍宝勒及它服用,日无虑数万费,以资倡乐。"这为研究唐代女性打球提供了史料证据。

唐　彩绘打马球俑(陕西省博物院藏)

唐　彩绘陶打马球女俑（国家博物馆藏）

由于女性身体条件的限制，并非所有女子均能策马扬鞭，疾驰击球，于是，骑驴打马球的运动形式就出现了。骑驴打球被称为"驴鞠""小打"，骑驴打球降低了比赛的激烈程度，降低了运动的危险性，也吸引了更多女性参与。

（二）宋代马球

马球在宋代称为"打毬""击鞠""击丸"，集观赏性、技巧性及娱乐性于一体，宋代也是中国马球运动发展的一个鼎盛期。上至帝王将相、下至寻常百姓，宋代人对马球运动的热爱不减。

陆游《九月一日夜读诗稿有感走笔作歌》曰："打球筑场一千步，阅马列厩三万匹"足见宋代的马球场有千步之长。据《宋史·礼志》记载："打球，本军中戏。太宗令有司详定其仪。"因为这项运动的受欢迎程度太高，据史载，多位宋朝的皇帝都是马球运动的爱好者。宋代许多皇帝甚至亲自下场打马球。宋太宗曾下令制定打马球的详细规则，球场设于大明殿前，分置东、西两侧，比赛分两队进行，赛中设守门员，两廊设鼓乐，双方球门旗下各有五面战鼓。

《宋史·礼志》记载："打球，本军中戏。太宗令有司详定其仪。三月，会鞠大明殿。有司除地，竖木东西为球门，高丈余，首刻金龙，下施石莲华坐，加以采缋。左右分朋主之，以承旨二人守门，卫士二人持小红旗唱筹，御龙官锦绣衣持哥舒棒，周卫球场。殿阶下，东西建日月旗。教坊设龟兹部鼓乐于两廊，鼓各五。又于东西球门旗下各设鼓五。阁门豫定分朋状取裁。……其两朋官，宗室、节度以下服异色绣衣，左朋黄袷，右朋紫袷。打球供奉官左朋服紫绣，右朋服绯绣，乌皮靴，冠以华插脚折上巾。……既御殿，群臣谢，宣召以次上马，马皆结尾，分朋自两厢入，序立于西厢。通事舍人奏云：御朋打东门。帝击球，教坊作乐奏鼓。球既度，飐旗、鸣钲、止鼓。帝回马，从臣奉觞上寿，贡物以贺。赐酒，即列拜，饮毕上马。帝再击之,始命诸王大臣驰马争击。旗下擂鼓。将及门,逐厢急鼓。球度,杀鼓三通。每朋得筹,既插一旗架上以识之。又有步击者、乘驴骡击者,时令供奉者朋戏以为乐云。"上述史料详细记载了宋代打马球的规则:分两队对抗,有守门员,每队人数少则两人,多则数百人,并无上限;各队队员及相关工作人员的服装有不同的颜色要求,两队待球掷至球场中央开始比赛,单球门赛以球打入球门为胜,双球门赛,将球打入对方球门为胜。

当时的比赛都是在激昂的鼓乐声中开始的。皇帝开球之后,诸王大臣开始策马夺球。攻入球门则得一筹,皇帝进球,大家高呼万岁,群臣得筹则叫好[1]。宋太宗有诗传世,在其《缘识》一诗中详细记载了他打马球的盛况:"寰中运启大平年,文武须精百艺全。弄影马骄难控勒,龟兹韵雅奏钧天。仙仗仪排亲自注,电转星毬来进御。玄之寂妙得其玄,更重人前举止措。靴衫束带两分行,七宝鞭擎呈内库。一坦平兮殿毬场,国乐调兮甚锵洋。掀天沸渭轰鼛敼,返朴纯诚斁三皇。折旋俯仰怡情悦,乾坤日月尽舒光。龙马徘徊多步骤,生狞堪羡困垂韁。绣鞯红縧金蹀躞,銮铃珂佩水精装。五云庆集鹤为驾,短袍新样甚风雅。东西相望贺头筹,欢呼蹈舞金阶下。"

明 宋人击球图(台北故宫博物院藏)

到了南宋时期,宋孝宗痴迷马球运动,时常驾临御球场与太子、武士们一起打马球。因为马球运动具有高度的危险性,前朝也有过因为打马球而受伤致死的皇帝。球杆无眼,一旦受伤,轻则损面,重则毙命,群臣担心宋孝宗,纷纷进言让其放弃这个高危运动,但宋孝宗对大臣们的进谏置若罔闻,哪怕面部受伤也依然风雨无阻地打马球,可见这项运动的魅力。由于宋孝宗的倡导,马球运动一时呈现中兴之势。宋孝宗即位时,国内要求收复北方失地的呼声十分高涨,宋孝宗受此情绪影

---

[1] 李丞.马球风尚延续两千年[N].新世纪体育报,2018-12-25.

响，决心整顿武备，准备北伐。同时，他把马球运动看作是训练骑兵、振作国民精神的重要举措，不仅自己经常下场打马球，还让军中官兵经常进行马球训练和比赛。对此，当时的诗人陆游在诗中有这样的描绘："军中罢战壮士闲""梁州球场日打球""闲试名弓来射圃，醉盘骄马出球场。"遗憾的是，宋孝宗的热情并未能维持太久，由于北伐战事的失利，他日益消沉，马球运动也因此式微。在宋代马球运动整体呈现颓势之时，女子马球却呈兴盛之势，宋代女子马球在宫中的盛行，与当时朝野偏安一隅、追求及时享乐的风气有很大的关系[1]。

孟元老《东京梦华录》卷七《驾登宝津楼诸军呈百戏》中，描写了宫廷女子马球竞赛活动的场景。据宋人孟元老的《东京梦华录》记载，当时的女子马球手不再骑驴，而是骑小马，身上的装束也一如男子："结束如男子，短顶头巾，各着杂色锦绣，捻金丝番缎窄袍""珠翠装饰，玉带红靴，各跨小马""人人乘骑精熟，驰骤如神，雅态轻盈，妍姿绰约，人间但见其图画矣""驰骤至楼前，团转数遭，轻帘鼓声，马上亦有呈骁艺者。"

宋代马球不只是王侯将相的贵族运动，也是军中竞技的活动。从《宋史·礼志》记载"打球本军中戏"，可见马球运动在军中的盛行。两宋时期，尤其是南宋孝宗时，在恢复山河的爱国热情鼓舞下，军中都会修建球场，把打马球作为锻炼士兵身体素质的方式。

另外，宋辽金时期的马球，也成为外交往来中的一项礼仪项目，在各国使节交往时，使节会参观甚至参加马球竞赛。司马光的《击毬》描绘了这样的场景："肃奉承诏命，仍陪戏马游。朋分初迥出，势合复相收。顾盼华星激，萦回紫电流。良因重嘉好，礼接使臣优。"

宋　打马球彩绘浮雕　　　　　宋　打马球砖雕（成都体育科学院博物馆藏）

---

[1] 冯国超. 中国传统体育[M]. 北京：首都师范大学出版社，2006.

宋代的马球运动甚至发展成为民间百姓热爱的娱乐项目。据《梦粱录》《都城纪胜》及《繁胜录》的记载，南宋临安城已经出现民间的马球团社"打毬社"，这些皆可见宋代城市中马球运动的盛况。

元　白地黑花《马球图》（磁州窑瓷枕）

南宋时期，北方先后经历了辽、金两个朝代。受中原马球运动的影响，辽、金两朝也举行马球运动。《辽史》记载，辽穆宗至辽兴宗期间，多次举行击鞠活动，有时一年多次，总计15次之多。辽代的马球活动始终与中原有着联系，《辽史·穆宗纪上》记载："汉遣使进球衣及马。"金代的金世宗完颜雍是一个十足的马球迷，据《金史》记载，金世宗常常在宫中打马球，大臣马贵中上书劝他不应沉迷于马球："陛下为天下主，系社稷之重，又春秋高，围猎击球危事也，宜悉罢之。"他却回答说："朕以示习武耳。"即认为打马球是尚武的表现。《金史·礼志八》载："击球之戏，亦辽俗也，金因尚之。"

1990年在内蒙古敖汉旗发现的一座辽代墓室壁画中，发现马球壁画。画中共有5人，手持球杆，纵马驰骋，争相击打红色的马球，骑者神态各异，人物形象逼真生动，呼之欲出，竞赛气息浓厚。

辽　《马球图》局部（内蒙古墓葬壁画）

1998年河北省宣化市辽代一号壁画墓出土《马球图》，一人手牵马缰，整装待发，另一似助手模样之人，手持球杆以备赛。这些壁画虽然画风粗糙，但真实地描绘了当时民众的生活日常。说明马球在辽代民间的开展情况。

元代的马球活动在参赛人数和技艺上都远超金代，在被蒙古帝国征服之后，虽然蒙古人自己还打马球，但是对于汉人武力采取的是防范态势。元代军中亦有了其他的训练性游戏，马球逐步沦为了街头少年和女子的游戏。最终至明朝建立，马球退化为逐个上前击球射门的游戏。元时的马球不是以坚木制成，而是用皮缝成的软球；一群人轮流上前打球，将马球打入地上的洞中，对抗性和战术性全部消失。皆因统治者认为打马球是尚武的表现。

《马球图》（河北宣化辽墓壁画）

契丹人打马球的浮雕

明朝马球运动渐渐衰落。在《明宣宗行乐图》中，明宣宗坐在椅子上观看击鞠的情景：场上一人乘马举旗前奔，后面一人挥舞球杖冲向球门。但到明朝中后期，衰落态势格外明显，帝王不再亲自打马球，百姓也较少打马球了。

《明宣宗行乐图》局部

清朝虽然国力强盛，但在清代初期，统治者禁止举行击鞠活动，虽在康熙后再度出现，但马球文化却无法达到唐朝时期的繁盛。由于满人的习俗是摔跤、冰嬉、射猎等，因此，清代除了一些少数民族如蒙古族、藏族中仍保有马球习俗外，中原地区几乎没有马球的踪迹了。

三、捶丸

捶丸，是我国古代的一种击球游戏，由唐代的步打球发展而来。捶丸和现代的高尔夫球非常相似。捶丸游戏盛行于宋、金、元时期，社会各阶层参与捶丸游戏者甚众。

《宋史·礼志》记载，宋太宗每年三月召集文武百官参加捶丸之戏。根据《丸经·集序》中"至宋徽宗、金章宗，皆爱捶丸"的记述，可知捶丸形成期的下限最晚在北宋徽宗宣和七年。[1]元世祖时期，有一署名为宁志斋的老人编写了《丸经》，全书有三十二章，内容从器材的制造、保养到比赛规则、动作要领等无所不及。

《丸经》在序言中提到："诚足以收其放心，养其血脉，而怡怪乎神情者矣。不以勇胜，不以力争，斯可以正己而求诸身者也。"可见，参与捶丸运动，有着良好的锻炼健身价值。

捶丸游戏的器具主要有两个，一是球杖，二是竹制或陶制的球。玩法是用球杖击打球，将球打进球洞中，依次击打，看谁先进球。捶丸划定击球点称为"基"。捶球时分头棒、二棒、三棒，头棒需先安基再击球，每棒以前以落球处为新的起点，类似于现代老年人喜爱的门球。捶丸游戏后来发展成为一种运动，形成了规范的玩法，流行于宋元时代。

《捶丸画像砖》画面中两名官宦装束的男子屈双膝，上身前倾，两人共持一柄顶端呈半月形的球杖，右边男子正在给左边男子指导如何击球。

宋 《捶丸画像砖》
（陕西省甘泉县博物馆藏）

---

[1] 捶丸——古代高尔夫（https://sports.sohu.com/a/444468753_120059786.）。

根据《丸经》"至宋徽宗、金章宗，皆爱捶丸"的记载，我们也可以了解捶丸是宋徽宗时期就流行于皇家的一类游戏，而到了元代，已经发展为受民间喜爱的游戏。最明显的证据在元代壁画《捶丸图》中，其反映了元代民间捶丸运动的流行。有学者根据史料分析，捶丸大概也是在元代传入欧洲，发展成为现代高尔夫运动。

宋　《捶丸石刻画》（山东岱庙）

根据《丸经》的记载，捶丸的场地可以是平地、凸地、凹地、草地或斜坡地。游戏之前，首先在地上画一个约一平方米的"基"，在距离"基"十步至百步之内，挖上一定数目的球穴，然后在每个球穴旁边，竖立起一面彩旗用以标记球穴的位置。这样一个简单的捶丸场地就完成了。

宋　《捶丸图瓷枕》（陈万里《陶枕》著录）

捶丸比赛的方式有三种：第一种为分队对抗，组队依人数的多少，分为"大会""中会"和"小会"；第二种为多数人参加对抗，分出个人胜负；第三种为两人对抗，称为"单对"。

捶丸所用的工具叫作"棒"，这种棒不是单一的，而是有三种类型，要根据具体情况应用。

捶丸游戏的用球也十分讲究，一般要求球要足够坚硬。据《丸经》记载，捶丸所用的球，基本都是由赘木制作的。赘木，俗称"树瘤"，这种木头的纤维绞结在一起，十分坚硬。球的重量要求适中，因为太重了击打起来费劲，太轻了击出去发飘。比赛开始，球员分别将球从"基"击入球穴。在三棒之内击入者得一筹。犯规者有两种方法判罚：一是少计一筹，二是倒扣一筹。最后按得筹多少计算胜负。

南宋　彩绘捶丸（吉州窑遗址出土）

捶丸，不但皇宫贵族对其乐此不疲，在平民间也广为盛行。元剧中多有提及。《逞风流王焕百花亭》杂剧第二折"上小楼"曲中，王焕自夸什么游戏都会，"折莫是捶丸、气球、围棋、双陆、顶针续麻、拆白道字……"。《庆赏端阳》剧中的道白亦云："你敢和我捶丸射柳，比试武艺么？"可见捶丸的普及。

在山西省洪洞县广胜寺水神庙的壁画中有一幅描绘捶丸游戏的图画。据考证，此图为元代壁画。图中有三人，二男子穿着紫色长袍手握球杆，一人正准备挥杆击球，另一人下蹲观察球穴，稍远处有侍从持杆侍奉。此壁画真实反映了元代民间的捶丸活动。[1]

---

[1]崔乐泉.图说中国古代体育[M].西安：世界图书出版社，2007：45.

元　《捶丸图》局部（山西洪洞广胜寺水神庙壁画）

　　捶丸发展至明代，已逐渐式微。但仍有个别皇帝喜欢捶丸活动。明万历年间，周履靖重刻《丸经》时曾作《跋》附于卷后，有云："予壮游都邑间，好事者多好捶丸。"

　　《明宣宗行乐图》长卷现藏故宫博物院，描绘了明宣宗在宫中举行捶丸的具体情形。从捶丸的场地、旗的布局、球穴及球棒都有绘及。图中还显示了侍从持杆服侍的位置、保持的距离和人员的配备组合等。场上共建了五个球穴，每个球穴旁插了一旗作为标识，这和《丸经·正仪章》中对窝的设置要求是一样的："厮场建窝，球场上厮成了窝，立彩色旗儿。"图中明宣宗正准备挥杆击球。有趣的是，他双手各持一棒，同时又在观察球和穴的位置，似考虑如何击球，用什么类型的杆，考虑用什么力度等。其左右两侧各有侍从恭敬站立，伺机服侍。根据《丸经·运筹章》记载，捶丸比赛有三种记分方法，"大筹二十，中筹十五，小筹一十。"究竟如何比赛需要共同商定，如果商定比赛是大筹，就以打满二十筹为胜。"倘赢得十九筹，是遗一筹，若以一筹利物不可得矣"，必须打满分才能算赢。《明宣宗行乐图》正好印证了元代宁志斋老人撰写的《丸经》中所述。

《明宣宗行乐图》局部（故宫博物院藏）

由于捶丸运动具有"收其放心，养其血脉，怡怿乎精神"的功效（《丸经·序》），加上捶丸之戏的活动量不大，运动强度相对较低，且便于控制，也因此成为女性喜欢的运动之一。明人杜堇的《仕女图》描绘了女子捶丸游戏。捶丸游戏的发展显然与城市的发展和市民文化娱乐的要求有直接关系。

与其他中国传统体育项目相同，捶丸运动中也渗透着道德层面的教育。除了锻炼身体、娱乐休闲，修身养性是游戏的最终目的。《丸经》取友章第七记载："恭必泰（恭敬者必安祥），浮必乱（轻浮者必争乱）。泰者善之徒（君子也），乱者恶之徒（小人也）。君子小人，其争也不同，其朋也有异（君子小人，其志不同，在人识察之也）。君子之争，艺高而服众（技艺高，人自服）；小人之争，奇诈而谋利（技艺低，以诈取利）。是故会朋，必以君子而远小人也（必进君子、退小人）。"《丸经》正仪章第八记载："合众同乐（合聚捶丸之人，相与同乐。），恪慎其仪，各事其事（各人谨守进退，各去关牌领筹）。奔竞躁逸（争取筹棒，夸口逗手），号呶喧哗（在场斗噪叫嚣），比于败群，不可与也（如此之人，不循规矩，是如败群搅众，即逐去之）。有斐君子，其仪不忒（如有文质君子，依守规式，自有容仪，不至差失），安如闲如（容止安详），夭如申如，周旋闲雅（转旋动作，夭夭申申如也），不劳神于极，以畅四肢（不太任力，至于疲乏，但要得四体血脉和畅而已）。"从中可见捶丸对参与者个人品质和道德修养有严格的要求。

明　《杜堇仕女图》（上海博物馆藏）

捶丸运动经过了宋、辽、金、元至明代的发展繁荣后，逐渐走下坡，至清初只是妇女、儿童简单的捶丸游戏了。

宋　《蕉阴击球图》（北京故宫博物院藏）

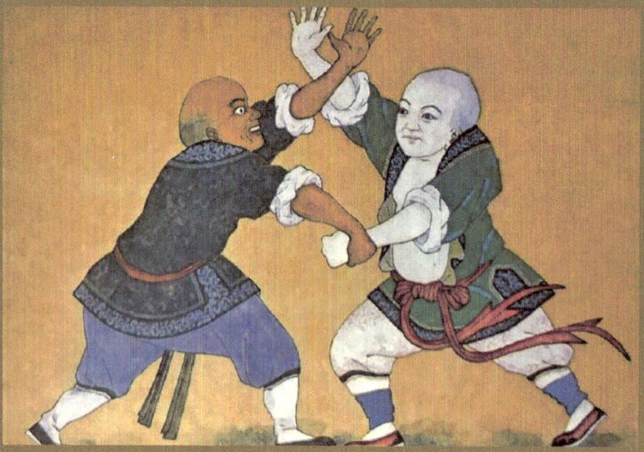

第二章 武术与导引养生

武术是中华民族独具特色的传统体育活动，它集实战、表演和健身于一体，是中国古代民间流行较为广泛的传统体育活动。伴随着人类社会生活的进步而发展，武术经过汉唐时期的初步发展，在宋元时期得到了进一步繁盛。至明、清时期，武术活动达到了新的高潮，出现了丰富多彩的套路，形成了风格迥异的流派。

导引养生是中国古代最富有民族特色的传统体育锻炼方法。人们从最初的由生活实践中体验到的一些健身元素和保健养生方法，到对医疗保健和养生知识有了初步积累的基础，在养生实践中加以尝试运用，逐渐形成了养生保健的完整体系。

一、武术

中华武术源远流长，它是中华民族传统文化的瑰宝。人类社会早期，人们为了获取食物和维持生存，必须与野兽进行殊死格斗。原始社会后期，各部落间也经常发生械斗，于是"蚩尤造五兵，戈、殳、戟、酋矛、夷矛"（《世本》），这些兵器，即为后世武艺所用器械之起源；又"蚩尤氏兄弟七十二人……与轩辕斗，以角抵人，人不能向"（《述异记》）。"角抵"是徒手搏斗，后世的"摔跤""拳术"也由此起步。

汉　画像石《蚩尤像》

（一）武术的发展

夏、商、西周时期，中国进入了奴隶制社会，进入了文明时代，原始社会后期，一些包括武艺项目在内的体育萌芽得到了进一步发展。《山海经·海外西经》记载："大乐之野，夏后启于此舞九代。"这说的是，夏启曾带领部下在大乐之野

古代武舞

操练名为"九代"的武舞武。此时的"舞"已是一种有意为之的、大规模的、具有武艺性质的演练。

当人类能有意识地练习拳打、脚踢、摔劈、砍刺、进退、躲闪等动作时，武术就开始萌芽了。武术经过长期的发展，特别是战争时期的频繁打斗，经过实践的检验和提升，促进了武术的系统内容进一步完善和发展。春秋战国时期，人们有意识地将哲学理论融入武术理论中，丰富了武术的内涵。

1. 汉代武术

汉代的画像石为研究武术发展提供了直观的图像材料，画像石中的武术内容形式有徒手相搏，有持器械对打，还有徒手对器械等。这些画像，形象生动，攻防兼备，具有武术中套路演练和技击对抗的特点。

徒手技击。徒手技击是武术的重要内容，它是人类社会搏斗经验的积累。主要是徒手运用拳脚和肢体的动作达到击倒或制服对方的目的。中国最早的诗歌总集《诗经·巧言》中就有"无拳无勇，职为乱阶"的描述，说明以拳术为特点的徒手技击在这时已是男子汉应有的重要本领了。《汉书·艺文志》中有《手搏六篇》等内容也提及了徒手技击。在山东、河南等地出土的汉画像石中也有着诸多形象的刻画，为我们再现了当时拳术演练的真实场景[1]。

徒手搏击的汉代画像石表现形式有单人练习、双人练习、一对二搏击练习。汉代的徒手格斗又叫"手搏"，指练习者仅以拳掌徒手对打。手搏是当时具有武术性质的一项重要活动内容，是古代徒手搏斗的技术，又具有后世武术中拳术的特点。

单人的拳术练习可以参见陕西出土的画像石《单人拳术练习图》，图中的人正在做弓步前后分掌动作。

画像石《单人拳术练习图》（陕西绥德出土）

---

[1] 崔乐泉.图说中国古代体育[M].西安：世界图书出版社，2007：61.

画像石《一对二手搏图》出土于河南省南阳市,画面中三人徒手相搏,脚下是白云缭绕的群山,衬托出三人的高大,凸显三人的搏击对抗。画面右边一人对左边二人,左边的人亮双掌跨步进击,中间的人半弓步做右手亮掌和左勾手动作,右边的人弓步做右手亮拳和左手亮掌动作,表现出一种紧张气氛[1]。

画像石《一对二手搏图》(河南南阳出土)

持械格斗。器械的运用是武术发展的一个重要方面,汉画像石《双人持械对练图》再现了持械对练的场景。画面中部的四人两两相斗,面向左方的两个武士均一手执剑,一手执钩镶,面向右方的两个武士手执双剑。斗剑武士后面,左方四人立,面向右,右方四人立,面向左。此八人均手挂剑于地,似等待参加下一轮的对练。

画像石《双人持械对练图》(山东嘉祥出土)

徐州出土的画像石《比武图》展示了两个武士搏击演练的场面,左侧武士右手持环手刀,刀上举,身体下蹲呈仆步,右侧武士呈弓步姿势,一手执刀,一手持盾。两人紧张对视,搏斗一触即发。

画像石《比武图》局部(江苏徐州出土)

---

[1] 于兆杰.于无声处——汉代画像石中的体育娱乐活动[M].北京:中国纺织出版社有限公司,2023.

徒手对器械。兵器的使用丰富了武术的内容，使得武术的技击方法更加多样化和全面化，促进了武术的进一步发展。但是徒手搏斗仍是武术技击的基础，在军事训练中仍作为最基本的技能。汉代的军官都要经过徒手搏斗的考试。《汉书·甘延寿传》载："试弁，为期门，以材力爱幸。"[1]"弁"是手搏的异称，"期门"是汉代的郎官之一，又称"期门郎"。甘延寿通过"试弁"升为期门郎，以"材力"受到汉元帝的器重。汉画像石《徒手对器械比武图》刻画的应是手搏考核的过程，考试的内容为徒手对兵器，为手搏最难掌握的本领。画面左边是比武情景，左边一武士手持长戈斜刺过来，右侧一武士脱掉盔甲，将环手刀、钩镶放置一旁，徒手相搏，欲白手夺刃，显示艺高人胆大，两旁有观者。

汉　画像石《徒手对器械比武图》（江苏徐州出土）

在其他汉代画像石的搏击画面中，有徒手对枪、对棍、对剑等内容。可以推测，"空手夺刃"这一中华武术的精华，在汉代就已经形成了。[2]

汉代的兵器。由于汉朝对匈奴的战争连绵不断，对于士兵武术技能和实战打斗的能力必然提出较高的要求。"工欲善其事，必先利其器"，武术技能的发展与兵器的使用有着密不可分的关系。兵器种类的增加，促进了武术技法的改变和丰富，使得表演性的武术也更为广泛。在出土的汉代画像石中，发掘出一定数量的"武备库"画像石，即兵器库，武备库兵器的种类可以间接反映当时武术技艺的状况。河南南阳出土的武备库画像石，画面中刻有三钺、三弩、钺柄弩臂分别安插在架上，画面还刻有两个放短兵器如剑之类的架子。

---

[1] 班固.汉书.[M].北京：中华书局，2012：2600.
[2] 于兆杰.于无声处——汉代画像石中的体育娱乐活动[M].北京：中国纺织出版社有限公司，2023.

汉　画像石《武备库图Ⅰ》（河南南阳出土）

画像石《武备库图Ⅱ》的画面中央站立一武士，双袖高卷，右手执钩镶，左手执弓。在其身后置武库，悬挂有囊、铠甲、行军壶、弩，兰锜上依次置有环首刀、剑、矛、铍、铩、戈、戟、盾牌等各种兵器，由此可见汉代武器种类的丰富。

放置兵器的架子称为"兰锜"，张衡《西京赋》曰："武库禁兵，设在兰锜。"《魏都赋》曰："受他兵曰兰，受弩曰锜。"放弓弩的兵器架叫"锜"，放置其他兵器的兵器架叫"兰"。兵器的改良与发展促进了武术技艺的发展，如汉代根据盾的作用发明了名为"钩镶"的武器，在《释名·释兵》中有"或推钩推镶，或勾引，用之宜也"的记载。[1]

汉　画像石《武备库图Ⅱ》（江苏徐州出土）

西晋　戎服类胡人镇墓武士俑

---

[1] 于兆杰.于无声处——汉代画像石中的体育娱乐活动[M].北京：中国纺织出版社有限公司，2023：40-41.

40

2. 隋唐武术

隋唐时期，武术文化在这一时期得到了大发展。武举制的创立，是这一时期武术史上最重要的事件。西魏、北周已建立了府兵制，隋王朝进一步完善了这个制度。《隋书·高祖纪》隋文帝颁布诏令："凡是军人，可悉属州县。垦田、籍帐，一与民同。军府统领，宜依旧式。"明确地道出了府兵制度的实质，就是"军民一体，兵农合一"。唐王朝基本上沿袭了隋朝的府兵制度，且非常重视府兵的训练。折冲府是唐代府兵制基层组织军府的名称，其主要任务便是训练士兵，府兵集中在冬季训练，由折冲都尉率领兵士在府中进行。唐太宗甚至对部分卫士进行亲自教导。折冲府会对学艺不精、考试不合格的士兵进行处罚。

少林寺壁画《罗汉练拳》

武举制开创。事实上，非正式的武举制，从隋朝便开始了，《隋书·炀帝纪》记载的"十科"中，就包含了武举。但当时科举取士，科目都是临时规定，并没有像后来那样形成固定的制度和模式。唐贞观十二年（638年），根据《新唐书·兵志》记载，在武则天正式开设武举之前，唐代也已有了某些课试选拔武勇人才的方法。武举考试的内容主要有"长垛""马射""马枪""筒射""步射""穿劄""翘关""负重""材貌""言语"十个方面。

少林寺壁画《器械对练》

敦煌壁画《作战图》描绘的应是两魏作战的场景，士兵们持刀、剑、盾牌、戟等各种武器打斗的场面，体现了武术在当时战争中的应用。

两魏　敦煌壁画《作战图》

3. 宋代武术

宋代武术是武术发展的一个里程碑，宋朝的军事训练实行规范化、系统化，军事训练采用统一的"教法格"，并制定统一的考核标准。《教法格》是一本集百家之长的军事体育教科书，无论是对现代理论的研究，还是实践指导，都有很好的文化参考价值。《射亲格》《东南排弩法》和王安石的《将兵法》等收录了北宋在军事训练方法、武学考核等方面的教程，还对历代兵法成败的军事理论进行较为详尽的阐述。《教法格并图像》是图文并茂的武术著作，该书对步射执弓、发矢、运手举足、移步及马射、马使蕃枪、马上野战格斗等技术都以图像的形式呈现，即使对于文化水平不高的人也能看懂并照此加以练习。

《大驾卤簿图》之宋代骑兵阵

宋朝与夏、辽、金等少数民族政权长期对峙，战乱不已，武备提到了重要日程。宋朝对军队武艺考核也有明确而详尽的规定。武举制度在宋朝也得到了很大发展。宋武举考试程序较唐为多，除解、省、殿三试之外，还有比试。比试是解试之前的资格试，比试总额一般限制在二百人左右。[1]宋朝时期不仅武术有成熟的发展，兵器呈现也多种多样，而且弓弩刀剑都进行了统一细化和分类，除此之外，还有蒺藜、蒜头、大斧、棒、铁鞭、铁锏等杂式兵器。宋代武术名手辈出，仅《武林旧事》一书里，就记载着有名有姓的武术名手（如王侥大、董急快、王急快、赛关索等）53人，他们个个武艺高超，享有盛名。

---

[1] 林伯源.中国古代体育史[M].台北：五洲出版社，1996：301.

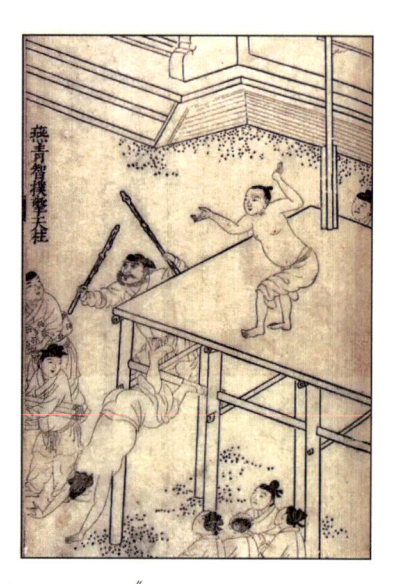

明　杜堇绘《水浒全图》（清代刊本）　　　明　容与堂刻本《水浒传·燕青智扑擎天柱》

在军事武艺发展的同时，民间武艺蓬勃兴起，民间结社十分普遍。民间出现了"瓦舍""勾栏"等以娱乐为主要目的的武艺结社组织。瓦舍又称"瓦子"。据吴自牧《梦粱录·瓦舍》记载，"瓦舍者，谓其'来时瓦合，去时瓦解'，易聚易散也。"瓦舍是宋代城市发展中出现的群众性游艺场所。

瓦舍《清明上河图》局部

瓦舍中，用装饰有花纹图案的栏木或绳网拦成一个个的圈子叫"勾栏"或"游棚"，各种技艺表演便在这里进行。瓦舍的出现，为大批职业艺人提供了相对固定的表演场地。商业化的习武卖艺，促进了武艺的专门化、职业化。

4. 元代武术

元人入主中原，汉人视之为异类，各地的反抗活动时有发生，元朝统治者害怕汉人造反，于是严禁百姓练武，甚至私自匿藏兵器和打猎都要治罪。《元史·刑法志》记载："诸弃本逐末，习用角抵之戏，学攻刺之术者，师弟子并杖七十七。""攻刺之术"既是武艺，也包括了"花枪花棒"的武术。元朝统治者禁止学"攻刺之术"当然是为了限制练武，同时也限制了人们的健身[1]。因此，民间武艺的传授多以家传的方式秘密传授。由于元朝散曲的发达，而戏曲的表现内容对武艺又有一定的需要，恰恰是这种需求，戏剧中的武术套路技术在某种程度上得到一定的保留，也使一些武术人为求生计转而把武艺也带到戏班中去了，武术转向舞台，技击逐渐艺术化。手眼相随的配合和武术的手眼身法步皆有相通之处，套路演练技巧在一定程度上也有所发展提高。

《旧京社戏图·五虎棍》

---

[1] 刘秉果. 中国古代体育简史[M]. 北京：中华书局，2013.

（日）内田道夫　北京风俗图谱《戏剧舞台》

5. 明代武术

　　明代由于热兵器的大规模使用，在战场上大杀四方的冷兵器逐渐退出军事对抗中，不再囿于军事战争之目的，摆脱了军事武备训练之束缚，进而按照武术不同的功能需要，沿着娱乐、健身、表演的方向都有了自由发展，形成不同的风格和传播方式。但在战场上，冷兵器并没有完全消失，还要考虑军事的需要，因此，武术与军事处于若即若离的状态，在这种背景下，武术从其他文化形式中汲取了大量的营养成分。

　　没有了元朝时期的禁武要求，各地武术家们的拜师访友、交流切磋开始不断增多，逐渐形成了各地的拳术和枪棒等器械流派。据《江南经略》和《纪效新书》记载，明代有名的拳术流派有"古今拳家，宋太祖有三十二势长拳，又有六步拳、猴拳、囮拳，名势各有所称，而实大同小异。"另有明代武术家程宗猷的《耕余剩技》，记录有棍法、刀法、枪法套路等。

　　自明代开始有了关于武术套路的记载，有了早期套路的完整形式，拳法的传承性更强，套路的产生使武术传授更加容易，使武术表演成为一种喜闻乐见的活动。

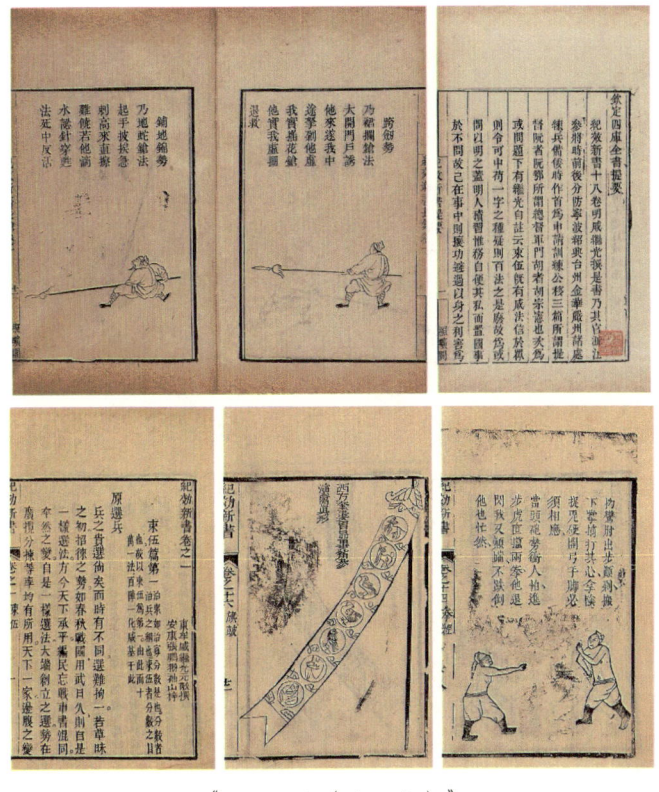

《纪效新书（十八卷）》

明代是武艺集大成、大发展时期。知名拳法流派二十六家，枪法流派八家。加上有名可寻的其他拳、械数量，可谓百花齐放。另外，明朝乡兵的存在，客观地促进了武术的大发展，《明史·兵制》记载："卫所之外，郡县有民壮，边郡有士兵。"

清　完颜麟庆《鸿雪因缘图记》之少林寺拳法

6. 清代武术

清代统治者一方面加强军队的武艺训练，另一方面严禁民间习武，打压民间武术的传播和发展。严禁民间私有兵器、甲胄。为对抗清政府的严刑与镇压，民间成立了众多秘密组织，以"社""会""教""馆"的形式出现。比较大的组织有天地会、白莲教、义和拳、三合会、哥老会等，还有洪门、青帮等组织。这些组织以社会底层百姓为基础，以练武、治病、互帮互助为手段，武艺在这些组织内部得到一定的传承和发展。

武术经过长期发展，到了清代已有了深厚的民众基础。人们传授武术的手段和方法多样，至今仍在传承的许多传统拳种，探其渊源，大多是在这个时期形成的，如太极拳、形意拳、八卦掌等多在清代形成。

（日）内田道夫 北京风俗图谱《武艺》

少林是中华武术中的一大派，是中华文化的一部分。少林寺曾帮助唐王李世民护驾有功、明代派兵抗倭立功受赏，少林寺僧练武具有浓重的政治色彩。少林武术博采众长，内容丰富，少林武术与中国哲学、医学等都有着密切联系，少林武功因其高深而成为中华武术重要的组成部分。

《少林技击谱》现存于四川博物院,此图谱长25厘米,宽15.4厘米,为清代所著的少林武术图谱。少林技击有着丰富的内容,包括短打、二十四炮打法等技法,内力练习的心意拳等,并对内劲、外力等练习内容进行了讲解和阐述,以及对练拳术技法,如六合拳等。本图谱对再现清代少林武术有着重要的意义[1]。

清《少林技击谱》(四川博物院藏)

《少林寺白衣殿罗汉对练图》

清代《兵技指掌图说》的内容非常详尽。《兵技指掌图说》是清道光时直隶总督讷尔经额为训练直隶绿营兵之兵技所绘制的图解教材,全书十五开(对页),内容包含马箭、马箭马上、马枪、马枪马上、马上长矛、步箭、弩弓、藤牌、长矛、单刀、鸟枪、抬枪、小铜炮、大铜炮的练法。

---

[1] 天津博物馆.动静中华古代体育文物展[M].北京:科学出版社,2017.

清　《兵技指掌图说》彩绘册页

（二）剑术的发展

在中国古代冷兵器发展的历史上，剑是一种较早出现的兵器。早在商周时期，就已经出现了青铜制成的剑。因其形制优美，轻巧灵活，因此有"百刃之君"的美称。

春秋战国时期，车战逐渐衰落，步兵的地位日益提升，因为步兵在战斗中必须进行近距离肉搏，剑成了最受人们重视的武器。当时剑的长度为28~40厘米，使用时非常自如，在当时的搏杀中具有较强的优势。因此，在当时，不仅出现了干将、莫邪、太阿、龙泉等名剑，而且剑术及剑术理论也得到了极大的发展。据《庄子·说剑》记载："昔赵文王喜剑，剑士夹门而客三千余人，日夜相击于前，死伤者岁百余人，好之不厌。"赵文王酷爱剑术，他在宫中养了三千多名剑客，每天看他们生死相搏，以致每年均有上百人死于剑下。他的这种爱好，无疑会促使这些剑客为了保护自己、杀伤对方而精研剑术。

正是由于剑在实战中的广泛应用和人们对剑术的精研，春秋战国时期的剑术已经达到了很高的水平。《说苑》中对当时的鲁石公的剑技有这样的描述："鲁石公剑，迫则能应，感则能动，物穆无穷，变无形像，复柔委从，如影与响，如龙之守户，如轮之逐马，响之应声，影之像形也。"随着人们剑技的提高，剑术理论也得到了很好的总结。在《吴越春秋·卷九·勾践阴谋外传》中记述了越王勾践与剑手越女的对话。越王问曰："夫剑之道，则如之何？"女曰："其道甚微而易，其意甚幽而深。道有门户，亦有阴阳，开门闭户，阴衰阳兴。凡手战之道，内实精神，外示安仪，见之似好妇，夺之如惧虎。布形候气，与神俱往；杳之若日，偏如腾兔；追形逐影，光若佛彷，呼吸往来，不及法禁；纵横顺逆，直复不闻。斯道者，一人当百，百人当万。王欲试之，其验即见。[1]"这段对话蕴含了当时剑术的代表性理论。

两汉时期，世风尚武，击剑活动非常盛行，大丈夫纵然不能像汉高祖刘邦那样"当如此也"，立功疆场，赐爵封侯，乃世人所追求，霍去病、班超便为楷模，习武为世所重，学剑因而风行。"汉制，自天子至于百官，无不佩剑，其后惟朝带剑。"（《晋书·舆服志》）。军中有舞剑之戏，民间流行亦广。

画像石《鸿门宴》生动再现了当时两武士持剑相搏的情景。画面上下分为两层，上层一人左手持剑，右手持钩镶，与一持剑武士对搏。两站立观看之人神情紧张。此谓"项庄舞剑，意在沛公"。下层送客图，按史载，左起骑马而逃者当为刘邦。在刘邦故里沛县，民间习武之风盛行，至今仍为闻名遐迩的武术之乡。

汉　画像石《鸿门宴》（安徽）

《汉书·艺文志》兵技巧十三家中，列《剑道》三十八篇。击剑之术，早在春秋战国时期就已相当流行。《庄子·说剑》中说："昔赵文王喜剑，剑士夹门而客三千余人，日夜相击于前，死伤者岁百余人，好之不厌"。画像石《击剑图》就是当时盛况的再现，画面中间二人持剑格斗表演，两侧为观看者。

---

[1]冯国超.中国传统体育[M].北京：首都师范大学出版社，2006.

画像石《击剑图》（徐州）

　　画像石《荆轲刺秦图》画面自右至左分别是荆轲、秦王嬴政和秦舞阳。荆轲一剑刺向秦王的头部，秦王侧头躲闪，并横剑还击，从下斜刺荆轲手臂，而左侧的秦舞阳大惊失色，几乎跌坐在地。整个画面惊险刺激，既有荆轲的壮士视死如归、秦王的沉稳和秦舞阳的"色变振恐"，以动作外形展示人物的心理世界[1]。

画像石《荆轲刺秦图》（河南南阳出土）

　　唐代以后，提及看剑、拔剑或者舞剑，隐喻想要建功立业的愿望。据史书记载，公孙大娘是开元盛世时唐朝宫廷的第一舞人，善舞剑器，舞姿名扬天下。唐代诗人杜甫在《观公孙大娘弟子舞剑器行》中，绘声绘色地描写了他当年观赏剑舞时的感受："昔有佳人公孙氏，一舞剑器动四方。观者如山色沮丧，天地为之久低昂。霍如羿射九日落，矫如群帝骖龙翔。来如雷霆收震怒，罢如江海凝清光。绛唇珠袖两寂寞，晚有弟子传芬芳。临颍美人在白帝，妙舞此曲神扬扬。与余问答既有以，感时抚事增惋伤。先帝侍女八千人，公孙剑器初第一。"

---

[1] 于兆杰.于无声处——汉代画像石中的体育娱乐活动[M].北京：中国纺织出版社，2023.

后世绘画女子舞剑的图也不少，如明代陈洪绶的《公孙大娘舞剑图》，把女子在转身回眸间，柔中带刚、丰腴妩媚的气质展现了出来。

清代画家喻兰的《仕女清娱图册·舞剑》，描绘了两位佳丽持剑比武。她们虽然一招一式极为规范，但是由于她们柔弱的身姿和甜美的面相，再加上灵动的舞姿，将本是阳刚之气的比拼，化作具有万般柔情的唯美表演。从此图中，可看出画家喻兰在绘制时赋彩染色浓重，运用了蓝、青、红、黄、紫等冷暖色调，这些色调营造出了安谧、纯净、典雅的情境。亮丽缤纷的色调和图中少女活泼愉快的气息相融合，更好地表达出了女子的气质。

明 陈洪绶《公孙大娘舞剑图》局部

清 喻兰《仕女清娱图册·舞剑》

（三）中华传统武术

1. 少林武术

"天下功夫出少林"。少林武术在中华武术发展史上占有极其重要的地位，是中华武术的瑰宝，许多拳术的发展都和少林武术有着直接的联系。少林武术起源的年代大概可追溯到北魏年间（公元386—534年），距今已有1500多年的历史。少林拳刚猛有力、朴实无华，利于实战，讲究动静结合、刚柔相济。"拳以寺名，寺以拳显"这也是少林寺名扬海内外的原因之一。

少林拳练习

少林武术有着大量的史料记载和传说。如隋末唐初十三棍僧救唐王富有浓厚的传奇色彩，因护驾有功，李世民登基后对少林武僧大加封赏，少林寺也因此兴旺起来，极盛时寺僧达两千多人，武僧达五百多人。相传宋太祖赵匡胤和岳飞等人皆得过少林真传。

明朝是少林武术发展的鼎盛时期。嘉靖年间，倭寇屡屡骚扰中国东南沿海，少林寺僧兵至少六次受诏出征，建立功勋。朝廷多次树碑立坊，予以奖励。少林武术因禅武合一而博大精深，以禅入武，习武修禅，绝非自卫强身小技；退则参禅养性修道行，进则护寺报国救众生，故少林武术又称"武术禅"。

2. 太极拳

太极拳是由八种基本技法和五种步法构成，八法是指掤、捋、挤、按、采、挒、肘、靠八种基本技法；五步是指进、退、顾、盼、定五种步法。太极拳集修身养性、增强体质、搏击对抗等多种功能为一体。太极拳以古代太极、阴阳学说和经络学为理论基础，吸收气功中的呼吸导吐纳和行气运劲的方法。太极拳练习时要求意念平和、呼吸自然、中正安舒，讲究内外兼修、柔和缓慢、连绵不断、刚柔相济，以静制动、避实击虚。清代武术家陈王廷在《太极拳论》中对太极拳做了深刻的阐述。

武当山壁画（太极张三丰）

陈王廷对太极拳的发展起着至关重要的作用。传统太极拳门派众多，其他各派太极拳流派与陈氏都有着直接或间接的联系。当年河北永年人杨露禅在陈家沟习得太极拳，经反复研究，改造形成杨氏太极拳；吴氏和武氏太极拳在杨氏太极拳的基础上发展形成。太极拳各派之间既有着渊源的传承关系，又各有突出特点，在其发展形成过程中，又都彼此借鉴，取长补短。同时，由于锻炼太极拳的健身功效明显，其有着广泛的群众基础。

《陈氏太极拳理论精要》碑刻（陈王庭）

3. 八卦掌

又称游身八卦掌、八卦连环掌和阴阳八卦掌，是以中国古代哲学中的八卦理论为基础，以掌法变换和行步走转为主的中国传统拳术。八卦掌有龙爪掌、牛舌掌两种掌法，主要手法有推、托、带、领、搬、拦、截、扣、捉、拿、勾、打、封、闭、闪、展十六法，是清末河北省廊坊文安人董海川所创。相传董海川在江南游历时受到道家修炼的启示，将道家的修炼之术和武术的攻防技击相结合，创编了八卦掌。

清代咸丰年间，董海川于北京传授"八卦连环掌"，简称"八卦掌"。八卦掌讲究内外兼修，技击手段颇具威力，并与内功修炼巧妙结合。不仅有强身健体之功用，而且能够掌握攻防搏击的技能。

八卦掌是中国流传很广的传统拳术，是内家拳三大名拳之一。它以八大桩法为转掌功，又集八大圈手于一体，下配一至八步的摆、扣、顺步法为基础，以绕圈走转为基本运动路线，以掌法为核心，在走转中全身一致，步似行云流水，身法要求拧转、旋翻协调完整，走如游龙，翻转似鹰，手法主要有穿、插、劈、撩、横、撞、扣、翻、托等。八卦掌是融养生和技击于一体，涵养道德的拳术，是董海川先师将武功及内功融为一体，博采众长，加上自己的丰富经验，独创的以掌为主的拳术。

八卦掌创始人董海川

4. 咏春拳

相传咏春拳是少林嫡传武术技击之一。咏春拳出拳快而且防守严密，攻守兼备和攻守同期，咏春拳用"寸劲"进行攻击和防守，理论和心法注重中线，朝面追形，左右兼顾等。其最大的特点是近身实战性很强，应用技巧和技术性

叶问和李小龙

强，不和对手盲目较力，"埋身搏击"是咏春拳的有效战术，拳快而防守紧密。

一代功夫巨星李小龙习武初期就是学习的咏春拳，其所创建的截拳道中有很多咏春拳的元素，咏春拳在南方、东南亚甚至欧美地区流传很广。

咏春拳的理论基础是"中线理论"。中线指由人头顶至尾闾一线，进攻时要求沿中线攻击，以求距离最短。同时，咏春讲究对敌时尽量面朝对手。主要练习方式为双人对练的"黐手""黐脚"等；辅助器材有贴墙沙包、木人桩等；器械有刀、棍等[1]。

木人桩练习

二、导引养生

导引，又称"引""道引""矫引"等。对某一具体的导引方法而言，则习称"导引法"，被广泛应用于传统养生、医学和宗教等领域，强调运动养生，在方法上强调以引伸肢体为主的导引术、呼吸锻炼为主的行气术和以舒筋活络为主的按摩术[2]。运动、呼吸运动和自我按摩相结合，其目的是保健养生、治疗疾病。

关于导引术最早的记载是《庄子·刻意》中的一段话："吹呴呼吸，吐故纳新，熊经鸟伸，为寿而已矣。此道引之士，养形之人，彭祖寿考者之所好也。"这段话虽是对导引技术的一种批评，然而庄子并未把彭祖追求长生的做法完全否定。《庄子·达

西汉　裸体男导引陶俑（河南博物院藏）

---

[1] 摊手五咏春拳传统武术（区级）概述［EB/OL］.［2024-06-27］. https://baike.baidu.com/item.
[2] 天津博物馆. 镜动中华古代体育文物展［M］. 北京：科学出版社，2017.

生》中又云："世之人以为养形足以存生，而养形果不足以存生……"庄子这些严厉的评论，在无意中证明了他生活的战国时代关心并实践这些长寿方法《淮南子》一书中也将这些养生术当作是小术："若吹呴呼吸，吐故纳新，熊经鸟申"对《庄子》和《淮南子》来说，最高级的技术是保养精神，而不只是关心身体的长寿。而肯定导引有一定治疗作用的则是《吕氏春秋·古乐》和《内经·异法方宜论》。

西汉司马迁的《史记·扁鹊仓公列传》提到了一项比《庄子》时代更早的导引用法，书中记载："上古之时，医有俞跗，治病不以汤液、醴酒、镵石、挢引、案杌、毒熨，一拨见病之应。"即有个医生叫俞跗，他不用汤液或醴酒治病，而是用镵石、跤引和毒熨。东汉班固《汉书·艺文志》中记有"黄帝杂子步引十二卷"，当为有关导引的专著。

西汉　《气功陶俑》（河南博物院藏）

1973年，在湖南长沙马王堆3号汉墓出土的帛画《导引图》是现存全世界最早的导引图谱。《导引图》彩绘有四十四个人物形象，各个人物做导引的动作，每一图像均为一独立的导引术式，图侧有简单文字标注名目。

汉　《导引图》马王堆汉墓出土（复原图）

天津博物馆藏的战国时期"青玉行气铭饰",高5.4厘米,直径3.4厘米,苍绿色,玉饰器外形呈十二面棱柱形,中心呈圆形穿孔并未穿透,其壁厚度为0.5厘米,壁内有斧凿痕迹,在器身下部1.4厘米处有一直径为0.3厘米的小孔与中心相通。

该玉饰外部抛光,光滑温润,十二面体上,每面阴刻篆文和重文符号,每面三字,共三十六字,另有重文符号八个。按文理分析,在第七行首字下漏刻一重文符号,故总计四十五字。铭文关于呼吸和行气的文字,是我国气功修炼的最早记录。翻译成现代文则是:"行气,深则蓄,蓄则伸,伸则下,下则定,定则固,固则萌,萌则长,长则退,退则天,天几春在上,地几春在下,顺则生,逆则死。"

战国　青玉行气铭饰
（天津博物馆藏）

行气铭文

收藏于首都博物馆的《气功图》,图中有专门的动作,并且有文字说明。

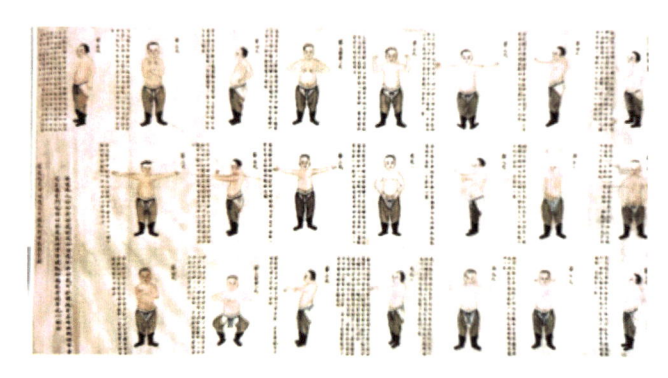

清 《气功图》（首都博物馆藏）

（一）五禽戏

五禽戏为东汉末年华佗所创，范晔《后汉书·方术列传》中述及华佗五禽之戏以当导引。华佗在继承前人导引术式的基础上，创编了简便易行的"五禽戏"，其内容包括"虎戏""鹿戏""熊戏""猿戏""鸟戏"。通过模仿五种动物的形态和动作，达到导引健身的目的。五禽戏简便易行，受众颇多。五禽戏的具体技法有南朝陶弘景的《养性延命录》之导引按摩篇传承至今。

五禽戏图

五禽戏是中国传统导引养生的一套重要功法，为华佗所创，但华佗的五禽戏已失传，后人南朝梁时陶弘景《养性延命录》记有华佗"五禽戏"，模仿虎、熊、鹿、猿、鸟五种鸟兽的活动形态，编制出一套导引程式。《正统道藏》所收《太上老君养生诀》亦录此"五禽戏"，署华佗授广陵吴普，这套导引术一直流传至今。所谓五禽戏分别是：虎戏者，四肢距地，前三踯，却二踯，长引腰侧，脚仰天即返，距行前却，各七过也；鹿戏者，四肢距地，引项反顾，左三右二，伸左右脚，伸缩亦三亦二也。熊戏者，正仰，以两手抱膝下，举头左擗地七，右亦七，蹲地，以手左右托地。猿戏者，物自悬，伸缩身体，上下一七，以脚拘物自悬，左右七，手钩却立，按头各七。鸟戏者，双立手，晓一足，伸两臂，扬眉，用力各二七，坐伸脚，手挽足趾，各七，缩伸二臂，各七也。夫五禽戏法，任力为之，以汗出为度，有汗以粉涂身，消谷气，益气力，除百病。能存行之者，必得延年。陶弘景记述了五禽戏的具体操练习法，而且提出了五禽戏的锻炼原则——"任力为之，以汗出为度"。

华佗在《庄子》的"二禽戏"（"熊经鸟伸"）的基础上创编了"五禽戏"，其名称及功效据《后汉书·方术列传·华佗传》记载：吾有一术，名五禽之戏：一曰虎，二曰鹿，三曰熊，四曰猿，五曰鸟。亦以除疾，兼利蹄足，以当导引。体有不快，起作一禽之戏，怡而汗出，因以著粉，身体轻便而欲食。普施行之，年九十余，耳目聪明，齿牙完坚。

五禽戏以模仿五禽所特有的躯体姿势动作，通过筋骨的伸展牵拉，自我按摩脏腑，以伸展疏通经脉，达到强健五脏的效果。

明人周履靖在所著的《赤凤髓》中，将五禽戏加以改进，减少动作难度，并与行气相结合，除了文字说明外，还绘制出程式图谱。清人更于五种术势之外，加入向后顾望的"鹗顾势"和摇头摆尾的"狮舞势"，称作"七禽戏"。可见"五禽戏"对后世影响之大。

清 女子五禽戏图

（二）易筋经

相传《易筋经》为达摩祖师所创，是明代后期出现的具有代表性的武术功法，被少林武术家们奉为经典而流传开来。《易筋经》始见于明天启四年（1629年）的手抄本。清道光年间，出版了来章氏辑的《易筋经》，据来章氏说："此功昉自释门"可见这一健身功法始创于无名佛教徒[1]。

《易筋经·总论》认为：筋，人身之经络也。骨节之外，肌肉之内，四肢百骸，无处非筋，无经非络，联络周身，通行血脉，而为精神之外辅。如人肩之能负，手之能摄，足之能履，通身之活泼灵动者，皆筋之挺然者也。岂可容其弛、挛、靡、弱哉。而病、瘦、痿、懈者，又宁许其入道乎。佛祖以挽回斡旋之法，俾筋挛者易之以舒，筋弱者易之以强，筋弛者易之以和，筋缩者易之以长筋靡者易之以壮。即绵泥之身，可以立成铁石，何莫非易之功也。

《易筋经》认为"练有形者，为无形之佐，培无形者，为有形之辅"，阐释无形的练内与有形的练外是相辅相成的。于是《易筋经》将练功分为三个层次，即练筋、练膜和练气[2]。

少林易筋经十二式

---

[1] 林伯原.中国古代体育史[M].台北：五洲出版社，1996.
[2] 任海.中国古代体育[M].北京：商务印书馆，2006.

对于来源，有学者认为，《易筋经》应该产生于秦汉时期术士的导引之术，于唐宋年间传入少林，成为僧人们打坐参禅之余，活血化淤的健身功法。僧侣们对《易筋经》进行了一些改进和发展，但学术界基本否定了《易筋经》源自达摩的说法[1]。

易筋经包括内经和外经两种锻炼方法，各有十二式。易筋经内经采用站式，以一定的姿势，借呼吸诱导，逐步加强筋脉和脏腑的功能。大多数采取静止性用力，呼吸以舒适自然为宜，不可进气。易筋经外经注重外壮，《易筋经外经图说》指出：凡行外壮功夫，须于静处面向东立，静虑凝神，通身不必用力，只须使其气贯两手，若一用力则不能贯两手矣。每行一式，默数四十九字，接行下式，毋相间断。行第一式自觉心思法则俱熟，方行第二式。速者半月，迟者一月，各式俱熟，其力自能贯上头顶。此炼力炼气，运行易筋脉之法也。

易筋经导引图

古代相传的易筋经姿式及锻炼法有十二势。分别是"韦驮献杵第一、二、三势""摘星换斗势""倒拽九牛尾势""三盘落地势""出爪亮翅势""九鬼拔马刀势""青龙探爪势""卧虎扑食势""打躬势""掉尾势"。

（三）八段锦

起源于北宋，已有八百多年的历史。古人把这套动作比喻为"锦"，意为五颜六色，美而华贵，体现其动作舒展优美，视其为"祛病健身，效果极好，编排精致，动作完美"的一套功法。

---

[1] 中国新闻网.《易筋经》揭秘：源自"达摩"是一个美丽的误传，[EB/OL].（2007-04-12）.[2021-03-07]. https://www.chinanews.com.cn/cul/news/2007/04-12/914235.shtml.

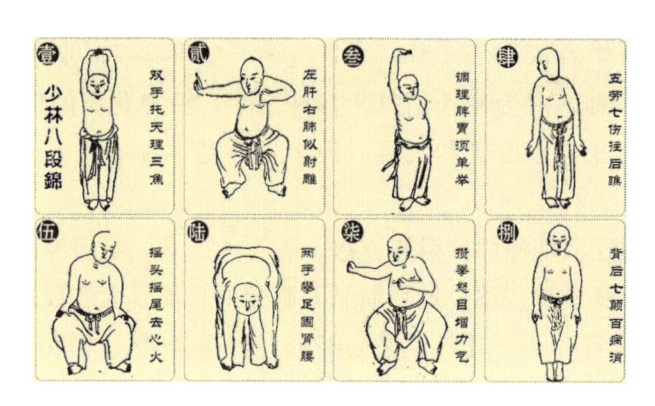

少林八段锦图

八段锦为传统医学里导引按跷中绚丽多彩之瑰宝，一般有八节。锦者，誉其似锦之柔和优美。正如明朝高濂在其所著《遵生八笺》中"八段锦导引法"所讲："子后午前做，造化合乾坤。循环次第转，八卦是良因。""锦"字是由"金"和"帛"组成，以表示其精美华贵。除此之外，"锦"字还可理解为单个导引术式的汇集，如丝锦那样连绵不断[1]。以示八段锦是一套完整的健身方法。

八段锦之名，最早出现于南宋洪迈所著《夷坚志》中：政和七年（1117年），李似矩为起居郎……尝以夜半时起坐，嘘吸按摩，行所谓八段锦者。"政和"是宋徽宗的年号，可见南宋时期已有八段锦。根据文字描述，说明八段锦是一套呼吸和肢体按摩相结合的导引养生功。

清末石印本插图《易筋经外经图说（附八段锦图）》

---

[1] 容斋茶话 养生气功八段锦完整教学（国家体育总局版）. [EB/OL]. https://www.sohu.com/a/382999970_185894.

达摩易筋经八段锦口诀

八段锦在长期的流传过程中被分为南北两派，南派动作柔和，多为站姿；北派则为马步，动作刚劲。

八段锦有立式和坐式之分。立式八段锦在养生文献上首见于南宋曾慥著《道枢·众妙篇》：仰掌上举以治三焦者也；左肝右肺如射雕焉；东西独托，所以安其脾胃矣；返复而顾，所以理其伤劳矣；大小朝天，所以通其五脏矣；咽津补气，左右挑其手；摆鳝之尾，所以祛心之疾矣；左右手以攀其足，所以治其腰矣。

坐式八段锦又称"十二段锦"，由于其全部动作均采取坐式，所以又有"坐式八段锦"之称。内容与立式八段锦有很大的不同，但两者有着密切的联系，功法均要求运动肢体、调和呼吸、集中意念等。清朝王祖源《内功图说》记载其功法：闭目冥心坐，握固静思神。叩齿三十六，两手抱昆仑。左右鸣天鼓，二十四度闻。微摆摇天柱。赤龙搅水津，鼓漱三十六，神水满口匀。一口分三咽，龙行虎自奔。闭气搓手热，背摩后精门。尽此一口气，想火烧脐轮。左右辘轳转。两脚放舒伸，叉手双虚托，低头攀足顿。以候神水至，再漱再吞津，如此三度毕，神水九次吞，咽下汩汩响，百脉自调匀。河车搬运毕，想发火烧身。金块十二段，子后午前行。勤行无间断，万疾化为尘。

坐式八段锦（十二段锦）

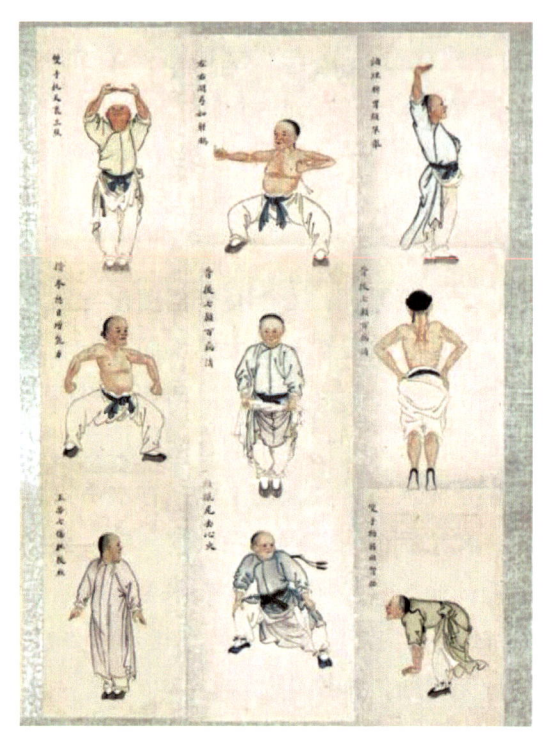

清代绘本　八段锦图

在明人王圻、王思义编著的《三才图会》中，辑录了二十四节气修正图。根据二十四节气，修炼不同的功法，有不同的健身功效和治疗效果。

《三才图会》二十四节气修正图

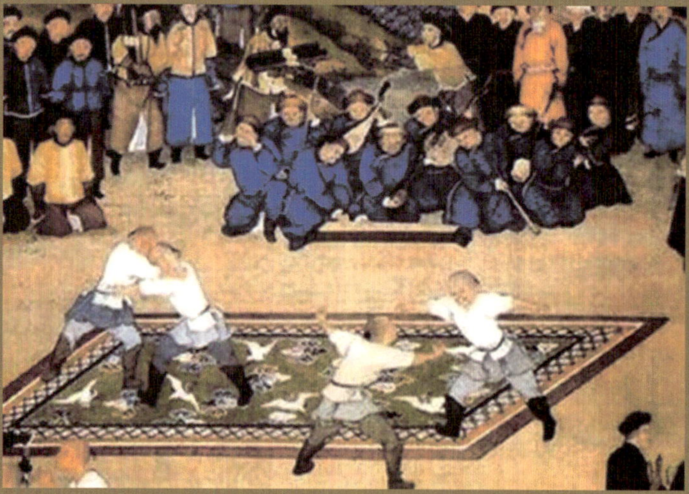

第三章 角力对抗类

摔跤等对抗类项目在我国有着悠久的历史，是一种比拼力量和技巧的传统体育项目。在其发展过程中经历了「角力」「角抵」「百戏」「相扑」「跤子」等名称变化。商周时期被列为「角力」，是军队的训练科目之一。公元前三世纪，周朝初年，角抵作为练兵的一项军事训练科目出现。据《礼记·月令》中记载：「孟冬之月，……天子乃命将帅讲武，习射御，角力。」可见当时射箭、驾车、角力都是军队操练的主要科目。春秋战国时期「角抵」发展为摔跤。唐代一般称角抵，宋代习惯称「相扑」，宋代民间有专门的摔跤组织，被称为「相扑社」，女子相扑风行一时。明代摔跤沿用唐代旧称「角抵」等，魏晋南北朝时角抵发展为摔跤。汉时称「蚩尤戏」「角抵戏」等，魏晋南北朝时角力成为上层社会的观赏性体育活动。清代称为「跤子」「摔跤」等，清代官方摔跤空前发展，民间摔跤活动也很活跃。

一、角抵

"角抵"一词来源于"以角抵人"。司马迁《史记·黄帝本纪》记载:"蚩尤氏头有角,与黄帝头,以角抵人,今冀州为蚩尤戏。"它是一种徒手相搏、相互较力的运动。角抵最初被应用到军事训练中,锻炼搏斗能力,提高实战水平,是锻炼士兵搏斗能力的有效方法,春秋战国时期成为上层社会的观赏性体育活动,后又演变为民间竞技和娱乐活动。据《述异记》记载,"涿鹿在冀州,有蚩尤神,俗云人身牛蹄,四目六手……秦汉间说,蚩尤氏耳鬓如剑戟,头有角,与轩辕斗,以角抵人,人不能向。"描述了蚩尤氏在与黄帝打仗时,头上装备着刀剑状的锐利物,用来抵人。《谷梁传·僖公元年》载:公子友谓莒挐曰:'吾二人不相说,士卒何罪?'屏左右而相搏。

明 角抵图 选自《三才图会》

古人崇尚武勇,角抵是展示力量的一种较好形式,它不仅要求有绝对的力量,还要求有技巧和把握时机的能力。古人的尚武精神,使角抵由古老的军事训练内容演变到民间的娱乐竞技,先秦的角抵戏也因此产生。《述异记》记载:"今冀州有乐名蚩尤戏,其民两两三三,头戴牛角而相抵。汉造角抵戏,盖其遗制也。"《国语·晋语·少室》记载:"少室周为赵简子之右,闻牛谈有力,请与之戏。"据旧注和清人俞樾《儿苦录》考辨,"戏"字的本义为角力。又据《史记·孔子世家》"优倡侏儒为戏而前"句,"戏"字又指歌舞、杂艺等内容。南朝宋人裴骃《史记集解》引后汉应劭的话说:战国之时,稍增讲武之礼,以为戏乐,用相夸示。后来秦国改其名曰"角抵"。《汉书·武帝纪》:"(元封)三年春,作角抵戏,三百里内皆观。"颜师古注:"应劭曰'角者,角技也。抵者,相抵触也。'……抵者,当也。非谓抵触。文说是也。"从中可见角抵除了"两两相当,角力"的内容外,还包括"伎、艺、射、御"的活动。当时角抵一词只是多种游戏的代名词而已。至于《蚩尤戏》,顾名思义是反映或表现蚩尤的角力杂艺[1]。

---

[1]刘荫柏.中国古代杂技[M].北京:商务印书馆,2005.

黄帝战蚩尤　山东汉墓画像石

根据文献及考古资料，战国后期至汉代"角抵"与"百戏"一词相互代替和混用。《汉书·刑法志》载谓："春秋之后，灭弱吞小，并为战国，稍增讲武之礼，以为戏乐，用相夸视，而秦更名角抵。"记述了秦始皇统一六国后，角抵从此成了专有名词。汉代曾官至太守并著有《风俗通义》传世的应劭认为，"角者，角技也。抵者，相抵触也。"角抵就是摔跤。

1975年，湖北江陵凤凰山秦墓出土一件木篦，其半圆形篦背漆绘人物。其中一面绘有摔跤图，两位摔跤手及左侧的裁判都是赤裸身体，下有兜裆布，布带在腰后扎结，尾端飘垂于臀后。秦朝摔跤手赤裸身体，着兜裆布，具有独特的装束特色。画面上的三人，均赤裸上身，腰束长带，身穿短裤。其中左右两人正跨步伸臂，作搏击状，中间一人正在分开搏击中的两人，似为裁判。这一场面表现的正是古代"百戏"之中的"角抵"场面，也就是早期的"相扑"。

秦　木篦漆绘《角抵图》

秦汉时期，角抵已不再是简单的两两相搏、角力斗技的对抗活动，而是融入了一定游戏成分，成为具有表演性质的游戏活动。据秦《历代兵制》载："始皇并天下，分为三十六郡，置守、尉，尉掌佐守，典武职、甲卒。而郡县兵器，聚之咸阳，销为钟镰；讲武之礼，罢为角抵。"《汉书·刑法志》也记载："春秋之后，灭弱吞小，并为战国，稍增讲武之礼，以为戏乐，用相夸视，而秦更名角抵。"《史记·秦始皇本纪》记载，秦始皇"收天下兵，聚之咸阳，销以为钟镰，金人十二，重各千石，置廷宫中"，实际上是秦始皇惧怕民众起义，便"收天下兵"。

1957年，陕西长安县客省庄出土的战国末期至西汉初的墓葬中，出现镂雕铜带鐍的图案。在树丛中，两匹配有鞍辔的马相对立于两侧，中间两人，皆蓄长发，高鼻梁，赤裸上身，下穿长裤短靴，互相弯腰搂抱，试图将对手摔倒，表现的是摔跤的形象。这座出土铜带鐍之西汉墓是截至1957年我国境内最早发现的一座匈奴古墓，因此，铜带鐍上的图案可判断为匈奴人进行角抵（摔跤）的形象。

战国末期匈奴墓镂雕铜带鐍角抵图

学界习惯将两汉流行的各类竞技、杂技、乐舞、幻术等统称为"汉代百戏"。在当时，并没有"汉代百戏"的叫法，而是沿袭秦朝的叫法，称"角抵""角抵戏""角抵百戏"等。《史记·大宛列传》中载谓："角抵奇戏岁增变，甚盛益兴，自此始。"从此官办的"大角抵"盛会，就成为定制。这里的角抵戏应是百戏表演的内容，两两相抵的"角抵"只是其中的一项活动内容。"汉代百戏"是东汉以后对上述各种娱乐游戏形式的统称。汉武帝元封三年（公元前108年）和元封六年（公元前105年），分别在首都长安进行了两次大规模角抵表演，第一次表演"三百里内皆观"，可谓声势浩大。观众中有云集长安的各国来华使节，受到他们的赞赏，真是掌声雷动，壮大了国威。

河南密县打虎亭出土的东汉末期墓室壁画中有一幅角抵图，描绘了高台之上，两力士上身赤裸，下身着条形布，徒手相搏。摔跤者赤裸身体着丁字形兜裆布的形象，似乎成为摔跤手的典型形象特征。

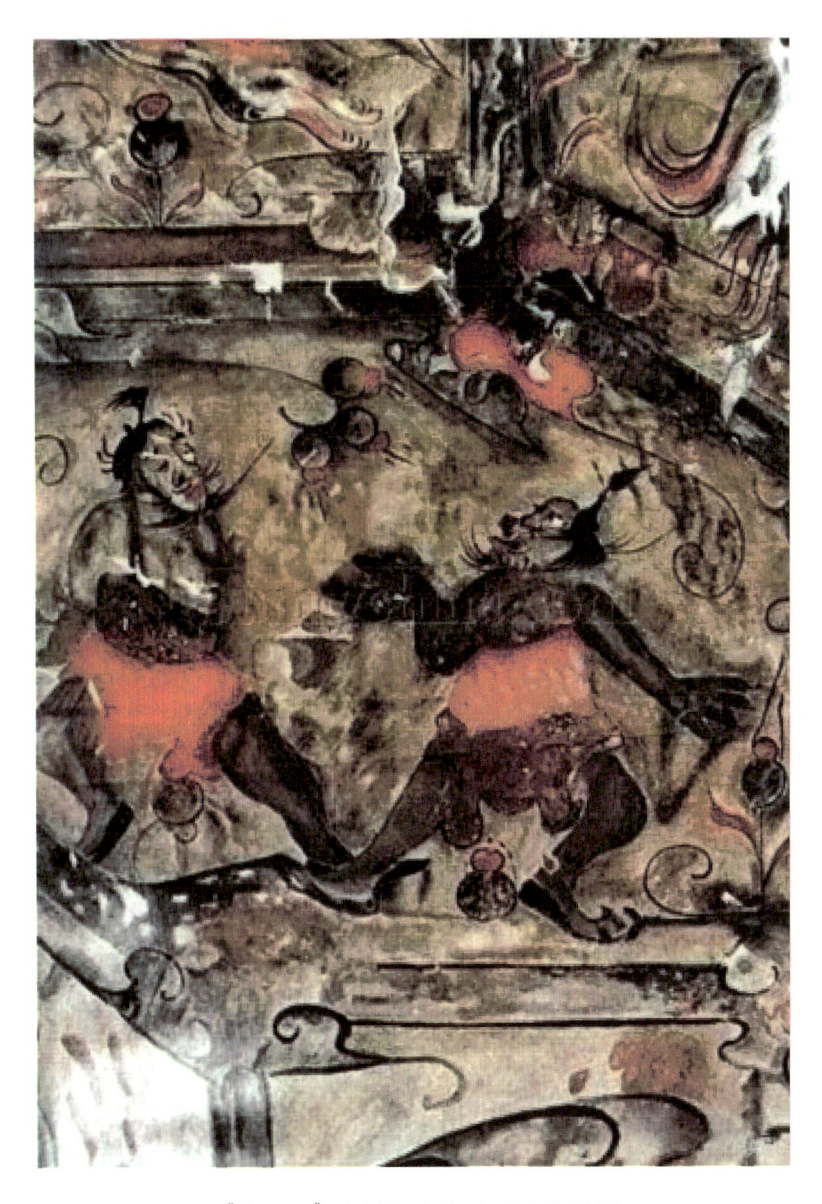

《角抵图》密县打虎亭2号东汉墓壁画

1974年，在山东临沂金雀山九号汉墓中发现了一幅长条形汉代帛画，这块帛画是当时用作丧葬的一种旌幡。帛画画面包括天上、人间、地下三部分。描绘墓主的生活及与墓主生前有关的各种事情。而其中五分之一左右的画面描绘的是角抵戏的场面，足见墓主人对角抵的喜好程度。

临沂金雀山汉墓出土汉代角抵帛画

角抵表演画面中的两名武士，中间那位身穿宽松衣衫，头戴面具，红带束腰，双手交叉于前，神采飞扬；右侧的武士，手戴红镯，头有饰物，双方摆开架势，正准备一决高下。

二、相扑

魏晋时期，"相扑"一词出现。相扑之名，最早见于晋代王隐的《晋史》："襄城太守责功曹刘子笃曰'卿郡人不如颍川人相扑。'笃曰'相扑下技，不足以别两国优劣。'"魏晋时期，相扑呈进一步发展的态势，而且出现了女子相扑。

隋唐五代，相扑、角抵二名称互用并行。唐宋时期，相扑一词的运用已极为广泛。如唐代张文规撰《吴兴杂录》中说："唐七月中元节，俗好角力相扑。"宋人吴自牧在《梦粱录》中所说："角抵者，相扑之异名也，又谓之争交。"另外，唐代宫廷中的专业摔跤表演队，也被称为"相扑朋"。

在敦煌莫高窟的壁画中，有一定数量的画面刻画的是摔跤内容。敦煌莫高窟藏经洞P.2002卷子中的一幅白描画，绘有两位摔跤手正在相搏。两人皆为裸身，系兜裆布。这是一幅盛唐相扑白描画，画面的盛唐图画风格显著，人物丰满且神情自信。

唐 敦煌摔跤白描画

唐代相扑。唐代的相扑运动已从秦汉百戏杂艺中脱离出来。当时的相扑比赛，规定相扑手要袒露身体，比赛时还要擂鼓助兴，如《唐音癸签》中就有关于相扑比赛时"左右两军擂大鼓，引壮士裸袒相搏较力，以分胜负"的记载。《旧唐书·本纪（卷十六）》载："丁亥，幸左神策军观角抵及杂戏，日昃而罢。"《旧唐书·敬宗本纪》记载："甲子，上御三殿，观两军、教坊、内园分朋、驴鞠、角抵。戏酣，有碎首折臂者，至一更二更方罢。"唐玄宗时，他还专门为此组织了"相扑朋"。此外，唐懿宗、唐僖宗、唐昭宗也都爱看相扑表演，而且，唐僖宗还经常在内苑与太监进行摔跤比赛[1]。

---

[1]冯国超.中国传统体育［M］.北京：首都师范大学出版社，2006.

在敦煌壁画中表现角抵、相扑的壁画约有20余幅。敦煌体育研究者李重申先生认为：敦煌壁画上角抵的内容反映了不同历史时期角抵的演变，对了解国际式摔跤、跆拳道、空手道、柔道、相扑、散打等方面的渊源、形式和技法提供了珍贵的资料。

宋代相扑。宋沿袭了五代遗风，相扑活动愈来愈盛，相扑有时依旧称"角抵"，或称"争交"。

宋太祖在军中曾下令角力比赛，增强士兵体质，卓异者可得到提拔，"渐增俸缗"，待遇提高，更从各州选拔健儿成为职业相扑手，仍为军队建制。南宋抗金名将韩世忠、岳飞等，也都很重视用相扑练兵。

唐 相扑 敦煌莫高窟第9窟

唐 相扑 敦煌莫高窟第17窟南壁

北周　相扑　敦煌莫高窟第290窟窟顶人字披

据《梦粱录》所载：若论护国寺南高峰露台争交，顺择诸道州郡臂力高强，天下无对者，方可夺其赏。宋代正式决胜负的相扑比赛情景，我们从小说《忠义水浒全传图》七十四回《燕青智扑擎天柱》中可见其概貌[1]。

宋代历史文献对于相扑的有关记载相对粗略，而《忠义水浒全传图》第七十四回《燕青智扑擎天柱》记述相对详细：燕青叫一声'不要来！'任原却待奔他，被燕青去任原左胁下穿将过去；任原性起，急转身又来拿燕青，被燕青虚跃一跃，又在右胁下钻过去。……这一扑，名唤作鹁鸽旋。数万香官看了，齐声喝采。文中不但描写了精彩、激烈的相扑场面，而且又有具体的动作细节刻画。

---

[1] 崔乐泉.图说中国古代体育［M］.北京：世界图书出版公司，2007.

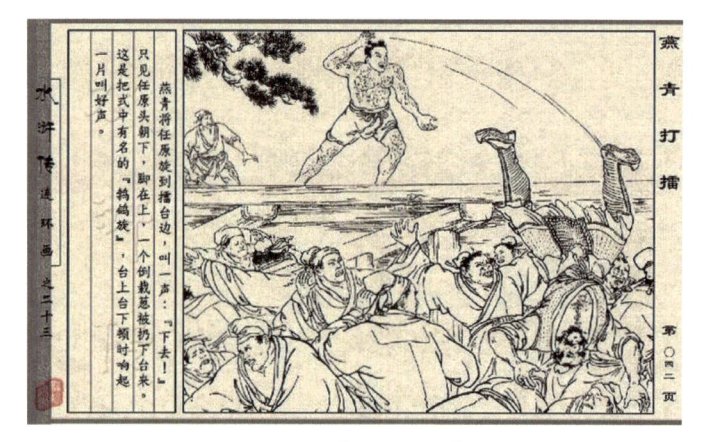

忠义水浒全传《燕青打擂》插图

宋代的另一类相扑则是流行于民间的具有表演、娱乐性质的相扑。民间的相扑手或以相扑表演为谋生手段，或在农事闲暇时自娱自乐。宋代的民间摔跤组织称为"相扑社"。《梦粱录》有云：角抵者，相扑之异名也，又谓之争交。且朝廷大朝会、圣节、御宴等九盏，例用左右军相扑，非市井之徒，名曰'内等子'。从上述记载可以看出，宋代相扑运动非常流行，虽然和现在的相扑不太一样，但是宋朝时期的相扑也是一种打场子的运动。南宋杨万里在《角抵诗》做了精彩的描述："广场妙戏斗程材，才得天颜一笑开。角抵罢时还摆宴，卷班出殿戴花回。"

宋　张择端《清明上河图》局部

宋代，女子相扑更是红红火火。宋代女子相扑在性质上可以分为专业和非专业；在形式上可以分为女子相扑和男子相扑两种。《梦粱录》卷二十"角抵"条记载说，在街头相扑时，往往先由女相扑出来表演几个回合的"对打套子，令人观睹"，也就是拉场子，"然后以膂力者争交"，也就是男相扑出来交手。宋代女相扑手，上身赤裸，和男相扑手在穿着方面并无太大区别。北宋嘉祐年间上元节时，皇帝曾公开观看女相扑表演，司马光曾上《论上元令妇人相扑状》说：上有天子之尊，下有万民之众，后妃旁侍，命妇纵观，而使妇人裸戏于前……今后妇人不得于街市以此聚众为戏。到南宋末年，女子相扑仍风行如故。《梦粱录》卷二十还记载了杭州著名女相扑赛关索、嚣三娘、黑四姐。而时人周密、号四水潜夫的《武林旧事》卷六的"诸色伎艺人"条，则记录了另一批相扑女名星的名字：韩春春、绣勒帛、锦勒帛、赛貌多、侥六娘、后辈侥、女急快等。

宋　绿釉相扑俑（河南博物院藏）

宋代还风行小儿相扑。《东京梦华录》卷五"京瓦伎艺"有"小儿相扑、杂剧、掉刀、蛮牌、董十五、赵七、曹保义、朱婆儿……"的记载。1980年，江苏镇江市大市口出土了五个反映宋代小儿相扑状的捏像泥娃娃：两个小儿相扑而倒，中间端坐一孩童充当裁判，另有两小儿，观看相扑比赛，反映了宋代相扑在民间的普及。明朝中叶田艺蘅写道：今小儿俯身，两手据地，以头相触，作牛斗状者，即古角抵之戏。

宋　《相扑小儿俑》（江苏镇江出土）

另外，许多遣辽宋使在自己的著作中也描述了辽朝人的角抵活动。《辽史·乐志》记载：册封皇后时，"呈百戏、角抵戏以为乐"。《辽史·太宗本纪》中有"（天显）四年（929年）春正月壬申朔，宴群臣及诸国使，观俳优角抵戏"的记述。相关的史料记载说明辽国皇族对角抵活动的深深喜爱。

金　相扑陶俑（山西博物院藏）

宋朝之所以会出现相扑运动的盛况，与宋朝的社会环境有着很大的联系，首先宋朝经济发展已经达到了一定的水平，无论是农业、手工业，还是商业发展都呈鼎盛之势，于是在这样的环境下，人们开始追求精神上的享受。

宋　相扑俑（陕西历史博物馆藏）

三、摔跤

明承宋、元时期的相扑之风，摔跤活动各地民间仍甚流行，并常在节目中演出。军中还以角抵作为练习手段，"每团练大内，间以角抵戏"[《明史·列传》（卷一百九十五）]。《纪效新书》则提到"千跌张之跌"。"跌"也就是摔跤之法。而宫廷府第中的角抵活动则远不及宋元时期了。明代以后，相扑多用摔跤这一名称。

清朝军中设有"善扑营"，人员从"八旗精练"勇士中选出，任务是"凡大燕享，皆呈其伎""与藩部之角抵者较优劣"（《清稗类钞·技勇类》）。官府的提倡和组织，使清代官方摔跤空前发展，而民间用于演出谋生和健身娱乐的摔跤活动，亦甚活跃。

摔跤活动是满族主要的传统体育项目，清代摔跤较唐宋更为盛行，满语称为"布库"。专门管理布库相关事宜的机构名为"善扑营"。他们的任务就是研究跤法，练习摔跤，照例于每年十二月二十三日在养心殿御前摔跤[1]。故宫博物院珍藏着一幅《塞宴四事图》，为乾隆年间所绘，"四事"之一就是摔跤。

---

[1] 崔乐泉.中国古代体育文化源流[M].贵阳：贵州民族出版社，2011.

清 《塞宴四事图》

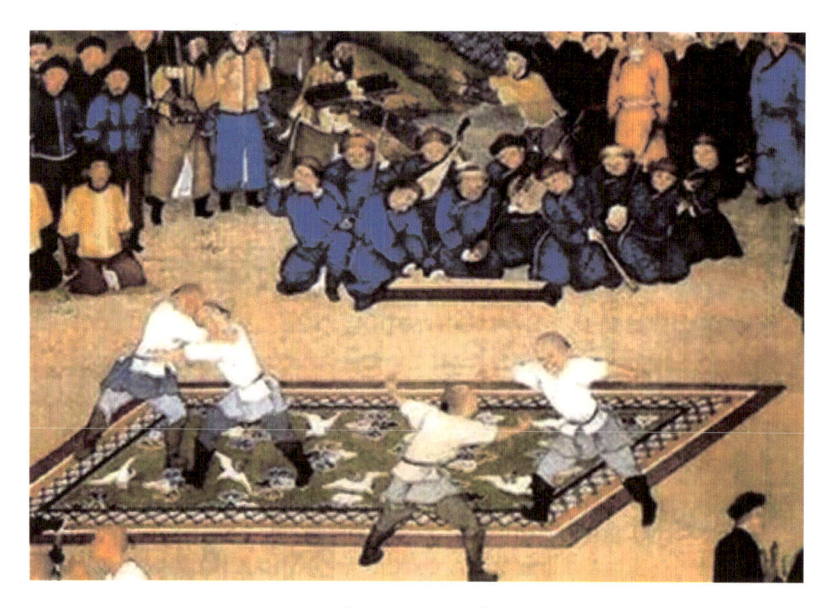

清 《塞宴四事图》局部

清朝民间摔跤也很盛行,汉族民间进行的摔跤活动称为"私跤",其目的就是玩,还有以此为生的卖艺者。清末魏元旷的《都门琐记》记述了当时民间摔跤的情形:杂耍诸技,皆村民为之,北人好技勇,故风俗使然也,寻橦,履绳,角抵之戏,不足为役。在北京、保定、天津等地有不少私跤场和私人授跤者。在北京市的天桥、地坛、永定门等也有不少"跤窝子"。

《蹾跤图》中十五名蹾跤手身穿满族传统套裤,发辫束起,其中有五组人物,两两成对,正施展扑、拉、甩、绞等技巧制服对手,另外五人聚在周围,或整理衣服等待上场,或细细端详领会要领,此画展现出摔跤不仅能强身健体,还具有较高的观赏性和娱乐性。

清　《蹛跤图》卷（首都博物馆藏）

《塞宴四事图》局部图描绘了乾隆皇帝在木兰围场行围结束后，举行盛大的庆功宴，其间热烈而刺激的体育表演。此段绘"摔跤"，两名力士裸露上身，互相角力，被压翻在地者为败。

我国的摔跤运动，除了传统的汉人摔跤、满人摔跤，还有朝鲜族、哈尼族、哈萨克族等民族传统摔跤方式。1949年以后，我国政府在对汉人和满人摔跤等方式进行整合的基础上，总结出了一种名为中国式摔跤的摔跤运动，并于1956年、1957年先后颁布了《中国式摔跤运动员等级制》和《中国式摔跤规则》。中国式摔跤与目前作为奥运会正式比赛项目的国际式摔跤在比赛规则方面有诸多不同。为了与国际接轨，目前，国际式摔跤成为国内许多摔跤队的主要训练项目[1]。

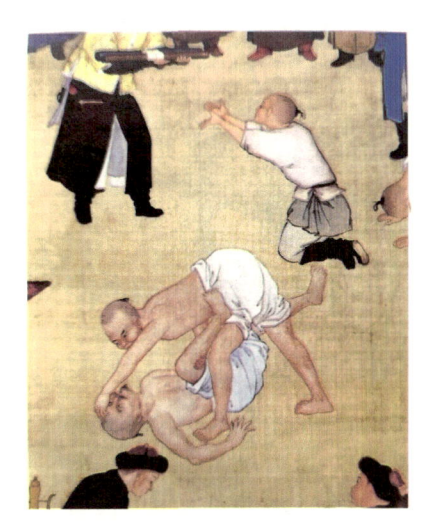

清　摔跤《塞宴四事图》局部

---

[1] 冯国超.中国传统体育[M].北京：首都师范大学出版社，2006.

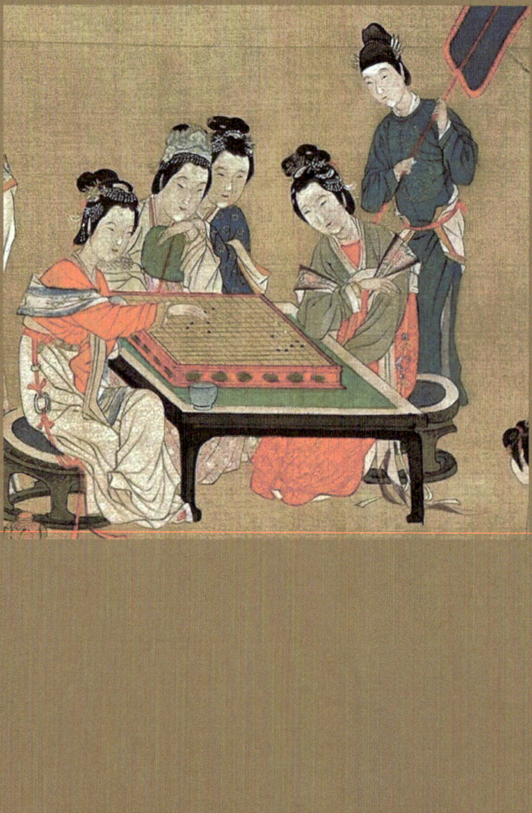

第四章 棋类运动

我国古代有多种棋类游戏，棋类游戏集益智、娱乐于一体，有着悠久的历史。这些棋戏盛行于我国不同的历史时期，现虽大都已失传，但围棋和象棋至今依然是十分流行的体育娱乐活动。

围棋历史悠久，内涵丰富，蕴含了我国古代哲学，其变化丰富，意韵深远，魅力无穷。围棋在唐代东传至日本、朝鲜等国，涌现出了许多围棋高手。

六博是中国古代一种掷采行棋的博系类游戏，因使用六根箸博而名「六博」，以吃子为胜，是早期的兵种棋戏，盛行于汉代。

象棋是我国古代模拟战争而创造的一种棋戏，早在战国时期已流行，北周武帝对魏晋南北朝时期的象戏进行总结和改进，著有《象经》，制定规则及要旨，为象棋奠定了基础。至两宋增加了河界，比赛规则与现代基本相同。明清已发展得非常成熟了。

一、围棋

琴、棋、书、画中的棋即指围棋，下围棋在古代又称作"对弈"。在棋类游戏当中，围棋是历史最悠久的一种棋，早在先秦时期就已经出现了围棋，并且很快就在社会上盛行。而围棋真正的发展时期是在汉代至宋代，一直流传至今，围棋依然是一种比较盛行的棋类。

围棋是一种策略型两人棋类游戏，我国古时称"弈"。流行于中、日、韩、朝等东亚国家。围棋起源于中国，相传为帝尧所作，据先秦典籍《世本》记载："尧造围棋，丹朱善之"（帝尧创造了围棋，丹朱很擅长围棋）。《左传·襄公二十五年》记载："卫献公自夷仪使与宁喜言，宁喜许之。大叔文子闻之，曰'……今宁子视君不如弈棋，其何以免乎？弈者举棋不定，不胜其耦。而况置君而弗定乎？必不免矣。'"隋唐时，围棋经朝鲜传入日本，流传到欧美各国。围棋至今已有4000多年的历史。

汉 《彩绘灰陶围棋俑》

围棋使用方形格状棋盘及黑白二色圆形棋子进行对弈，棋盘上有纵横各19条线段将棋盘分成361个交叉点，棋子走在交叉点上，双方交替行棋，落子后不能移动，以围地多者为胜[1]。

---
[1]围棋属于体育类还是艺术类[EB/OL].[2020-03-25].https://ah.huatu.com/2022/1006/2433458.html.

东晋时期，张华在《博物志》中更是说明了发明围棋的原因："尧造围棋，以教子丹朱。"或"舜以子商均愚，故作围棋以教之。"舜帝认为儿子不够聪慧，曾经研制围棋，利用它来教导孩子。

唐朝诗人皮日休所著的《原弈》中记载："弈之始作，必起自战国，有害诈争伪之道，当纵横者流之作矣。岂曰尧哉！"皮日休认为围棋是"有害诈争伪之道"。围棋也因此成了人们耍弄权术的伎俩。但是围棋也确实反映了古代军事活动的诸多特点。

明朝陈仁锡在《潜确类书》中提出"乌曹作博、围棋"。围棋这一次以赌具出现，认为"夏人乌曹为了赌博而制作了围棋"。乌曹是夏桀时期的一个臣子，这个人比较好赌，这也从侧面说明了夏桀的暴政。

古代的人们深信围棋是由尧、舜帝发明，在甘肃永昌鸳鸯池遗址出土的原始社会末期的彩陶罐似乎印证了这种传说，该彩陶罐上绘制有棋盘条纹图案，此外，纵观中国围棋历史，它带给人们更多的是积极影响，这也和上古时候尧、舜教子的初衷较为一致。

彩陶罐（甘肃永昌鸳鸯池遗址出土）

这些方形条纹图案上面的纵横线条一般有11~13道，虽然现在的围棋是19道，但是也是逐步发展而来的，考古学家将这种罕见的图案称为棋盘纹图案。围棋棋盘并非一开始就是现在这种纵横19道线、361个交叉点的样子，也经历了一个棋盘由小到大、棋子由少到多、变化由简到繁的逐步演化和发展的过程。

唐　《仕女弈棋》（永昌鸳鸯池遗址出土）

　　春秋战国时期，围棋已经在当时社会广为流传。古籍《左传》《论语》《孟子》中都有翔实的记载。这时也出现了第一位专业棋手，名为"弈秋"。

　　围棋在东汉时期获得了较大的发展，在很大程度上是古人观念的转变，也就是从"道"的角度确立了围棋的重要意义。

　　明代画家仇英的《汉宫春晓图》以汉代宫廷的日常为题，描绘了宫中嫔妃生活和佳丽百态。在对弈的画面中有两位身着华丽的女子在弈棋，旁边的小孩童正由一位婢女照应着。画面中的仆人衣着朴素，装饰简单，与仕女之间有着较为清晰的等级之分。

明　仇英《汉宫春晓图》局部

魏晋南北朝时期，玄学的兴起，围棋更加兴盛，下围棋也被称为"手谈"。上层统治者，建立"棋品"制度，对水平高的"棋士"，授予与棋艺相当的等级。当时的棋艺共分为九品，日本围棋的"九段"和中国有一定的渊源。

《重屏会棋图》描绘了南唐中主李璟与其弟景遂、景达、景逿会棋的情景。头戴高帽，手持盘盒，居中观棋者为中主李璟，对弈者是齐王景达和江王景逿，人物容貌写实，个性迥异。衣纹细劲曲折，略带顿挫抖动。《重屏会棋图》是描写帝王闲居享乐的纪实之作。抛开画面蕴含的深意，可见围棋是当时达官显贵们休闲必备，也可见其普及程度。

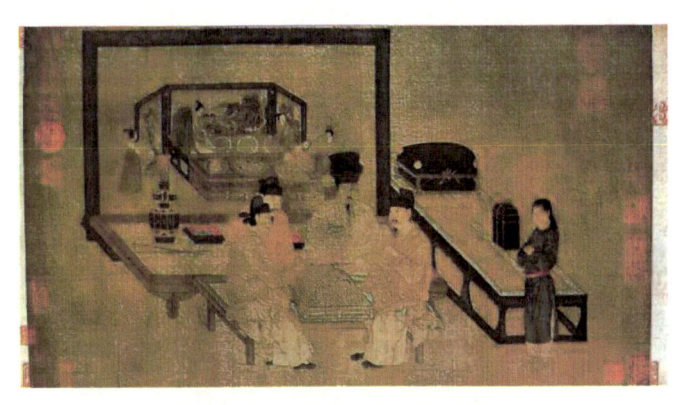

五代　周文矩《重屏会棋图》

唐宋时期的帝王多以下棋为雅，所以围棋得到了大力推崇和发展，对弈之风盛行全国。此时的围棋，可以帮助人陶冶心志，增长智慧，令人身心愉悦，是男女老幼皆宜的闲趣项目。

唐代实行"棋待诏"制度，棋待诏是专门陪同帝王下棋的专业棋手。这些"国手"都是经过严格的选拔后入选的棋艺人才。这种制度从唐初至南宋持续了500余年，是中国围棋发展史上一段夺目的时代。从唐代开始，围棋渐渐走出了国门，传到了邻国朝鲜和日本。

《十八学士图》分别以琴、棋、书、画为主题。画中所指是唐代李世民为秦王时，于宫城西开文学馆，收聘贤才，罗致四方文士，以杜如晦、房玄龄、于志宁等十八人，分为三番，每日六人值宿，讨论文献，商略古今，号为十八学士。此画为其中的"棋"篇，描绘了文人对弈的场景，是中国古代描绘围棋活动的画作中的珍品。此画色彩丰富典雅，人物刻画细腻，细节之处用笔干净利落，真实地再现了明代对弈的场景，屏风中的山水画将意境延展，寄托了画家寄情山林的"林泉之心"。

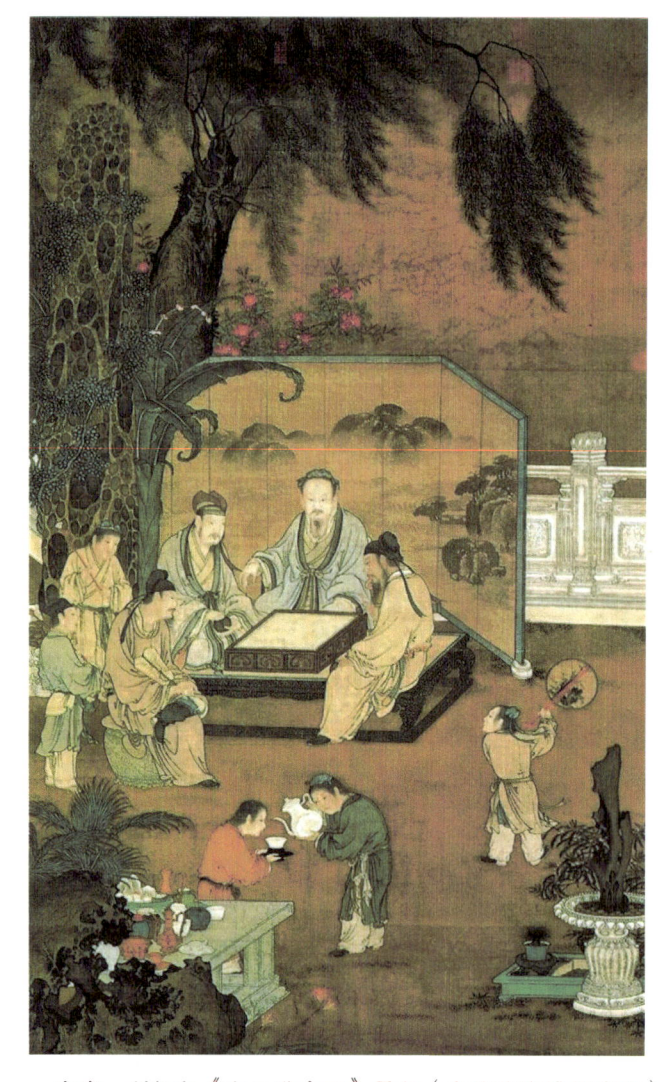

南宋　刘松年《十八学士图》局部（台北故宫博物院藏）

　　《竹亭对棋图》以淡彩画丛林之旁的凉亭，亭内有二人对坐而弈，颇有闲情雅致。山水秀朗悦人，笔力清劲隽永，别有韵味。

　　明清时期，围棋水平得到了更大的提高，各种围棋流派纷纷兴起。坊间在上层的带动下也开始醉心于棋艺。此时棋艺高手人才辈出，尤其是明代国手过柏龄所著的《四子谱》堪称杰作。另有清代梁魏今、程兰如、范西屏、施襄夏四人被称为"四大家"。

明　钱穀《竹亭对棋图》
（辽宁省博物馆藏）

清　禹之鼎《闲敲棋子图》

《围棋捷报图》取材于淝水之战的故事，意在表现谢安运筹帷幄、决胜千里的沉着和自信。图中绘有芭蕉、长松、秀石，显然是在苑囿之中，屏风前两人在对弈，一人旁观。右边对弈者为谢安，面容平静从容。二侍者站立于旁，一人似从战场归来，通过侍从向谢安传递战场捷报。图中人物用笔圆润，衣物线条细劲流畅、行笔均匀，顿挫起伏变化，画格雅洁。

《慈禧太后弈棋图轴》描绘慈禧太后在皇家园林执子下棋的情景。慈禧太后喜弄权术，亦好附庸风雅，对士大夫中流行的围棋独有偏爱。该图真实地再现了她在闲暇时光以下棋为乐的一个侧面。

明　尤求《围棋捷报图》局部　　　　　　　　清　佚名《慈禧太后弈棋图轴》

　　喻兰的《仕女清娱图册·自弈》，描绘了一位女子自己与自己下棋，画面看似清冷寂寥，但她乐在其中。或许是缺少下棋的人，氛围也冷了下来，身旁的侍童闭着眼睛、压在火盆上睡着了。火盆在清代深受人们喜欢，因为它实用与美观两者兼备。在宫廷里，皇家在除夕夜还要进行烧松盆的活动，松片燃烧后会散发出清香味道，营造了一种除夕守岁的特有氛围。

清　喻兰《仕女清娱图册·自弈》

二、象棋

象棋是古人模拟战争而创造的一种棋类游戏，象棋历史悠久，源远流长，对弈规则简明易懂，有着广泛的群众基础，是普及最广的棋类项目。目前，中国象棋已流传到十几个国家和地区。

中国象棋使用方形格状棋盘，圆形棋子共有32个，红黑二色棋子各有16个，摆放和活动在交叉点上。对弈两方交替落子，直至对方将或帅"将死"方判胜负。

象棋起源于中国。英国著名学者李约瑟博士在其所著《中国科学文化史》中明确提出，国际象棋也是中国人创造的。他详尽地分析了中国古代游戏——六博与天文、象术、数学的关系，他说："只有在中国，阴阳理论的盛行促使象棋雏形的产生，带有天文性质的占卜术得以发明，继而发展成带有军事含义的一种游戏。"

石刻中国象棋棋盘（残）

象棋一词最早见于《楚辞·招魂》："蓖蔽象棋，有六簿些；分曹并进，遒相迫些；成枭而牟，呼五白些。"对早期象棋的形制、规则及比赛方法做了描述。

汉刘向《说苑·善说》："足下千乘之君也……燕则斗象棋而舞郑女。"显示"象棋"在当时已经成为一项常见的棋类游戏。

象棋的起源有多种：

"黄帝起源说"。北宋晁补之《广象戏格·序》中说："象戏兵戏也，黄帝之战驱猛兽以为阵。象，兽之雄也，故戏兵以象戏名之。"

"神农氏起源说"。元代僧人念常在《佛祖历代通载》中说："借神农以日月星辰为象，唐相国牛僧孺用车、马、将、士、卒加炮代之为机矣。"

"舜帝起源说"。常任侠在《中印艺术因缘》一书中说："象因桀骜不驯，舜把他禁居起来，又恐他寂寞，所以为他制作棋局，使他有所娱乐。因其名象，故称象棋。"

"周武王起源说"。明代谢肇淛《五杂组》云："象戏，相传为周武伐纣时作，即不然，亦战国兵家者之流，盖彼时重车战也。"

象棋起源的具体时间，目前没有统一定论，其有着不同的推测和判断：有人认为象棋应起源于我国的春秋时期，也有人认为应起源于战国时期。

《潜居类书》载："雍门周谓孟尝君'足下燕居，则斗象棋，亦战国之事也。'盖战国用兵，故时人用战争之象为棋势也。"

还有人认为象棋起源于楚汉战争时期，很多人认同这种说法。清梁同书《渊深海阔象棋谱序》："又闻象棋始于韩信，朱子云博局红也。"周家森《象棋源流考》："韩信伐赵时，作象棋和叶子戏以如士卒，因年终士卒思乡，一得博具，则相聚共戏，钱财输尽，乐而忘归。"[1]

古代中国象棋

（一）早期象棋

春秋战国，各国战事不断，这即是象棋产生的背景。军事战争与体育竞赛相比较，有很多的相似之处。都是以获得胜利为最终目的，对抗过程都是通过技战术进行表现。既有谋略主旨，又有战术手段。象棋作为模拟古代战争的智力游戏，每一局都在咫尺棋盘上演绎着金戈铁马、兵戎相见。相比其他体育运动项目，象棋与古代军事有着最为直接的内在联系，其战略思想和战术特征受到了古代军事思想的影响。

象棋在其发展过程中，理念和下法日趋完善。无论规则怎样变化，都是围绕着军事战争这一宗旨，有很多棋局精妙的战术构思及战术组合都谙合兵法之道。在排局古谱中，如《渊深海阔》《梅花谱》《橘中秘》《适情雅趣》等，很多棋局就是以兵法、三十六计、三国演绎典故和战争名称等命名的，它们不仅构思精巧，而且与所命名的历史典故名称也十分契合。

---

[1] 谢在杭. 五杂俎[M]. 上海：上海书店，2001：171.

南北朝时期，《二十四史》中出现了有关象戏的记载。《北史》本记·卷十记载："五月己丑，帝制《象经》成，集百寮讲说。"说的是北周武帝制《象经》，另有王褒写《象戏·序》，庚信写《象戏经赋》，促进了象棋的第二次大改革。《周书》也有类似记载。

（二）隋唐象棋

隋唐时期象棋虽不如围棋繁盛，但应是稳步演变发展。唐代中期，象棋更接近现代棋。《梁公九谏》记载："则天睡至三更，又得一梦。梦与大罗天女对手着棋，局中有子，旋被打将，频输天女，忽然惊觉。"另据《记纂渊海》记载："武后自制大胜局，形如双陆。"在唐代，与双隙相似的棋局，唯有象棋局。武后梦中下象棋，必是生活中实物的反映[1]。《吕氏宅妖誓师词》记录了一段有关象棋的故事，汝南人梦见金象国与天那国两军交战的记载。文中有"天马斜飞度三止，上将横行击四方。辎车直入无回翔，六甲次第不乖行。""前有金床戏局，列马满秤，皆以金铜成形。""乃象戏行马之势也。"描写虽具有迷信色彩，但文中提到了"将""车""马""卒"棋子的名称。其开局、走法和与现代象棋已非常接近了。唐代诗人白居易有《和春深二十首》其十七："何处春深好，春深博弈家。一先争破眼，六聚斗成花。鼓应投壶马，兵冲象戏车。弹棋局上事，最妙是长斜。"描写了唐代市民在繁华的长安游玩的场景。其第六句"兵冲象戏车"就是描写象棋活动。

唐代象棋有"将、马、车、卒"4个兵种，当时这种象棋被称为"宝应象棋"，至今日本还将它作为象棋的代称[2]。

唐　宝应象棋子

---

[1] 林伯原. 中国古代体育史［M］. 台北：五洲出版社，1996：257.

[2] https://www.jianshu.com/p/dddd2586ad44?utm_campaign=maleskine&utm_content=note&utm_medium=seo_notes&utm_source=recommendation.（象戏——象棋的雏形时期）

（三）宋代象棋

宋代象棋在社会各界广泛流行，而象棋发生重大变革也是在北宋。棋子方面增加了"炮""士""象"。北宋时期，象棋基本定型为今日的中国象棋。宋、元期间的《事林广记》刊载了两局象棋的全盘着法，其中"白饶先顺手取胜局"有"炮八平五，炮八平五"起局，后者以"炮八平五，炮二平五"起局。《事林广记》还记载了三十个残局的名称，其中"二龙出海势"还有配图。

北宋时期，先后有司马光的《七国象戏》、尹洙的《象戏格》、晁补之的《广象戏图》等著书问世，民间还流行"大象戏"。洪遵的《谱双》记载，南宋时期，"象棋家喻户晓"，已成为当时大众文娱活动不可缺少的内容。

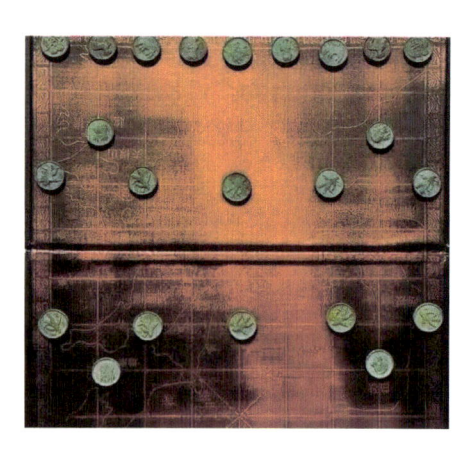

宋 大象戏玉子

宋徽宗年代的铜象棋（江西安义出土）

（四）明代象棋

明朝时期，象棋进一步发展。明朝出现了众多象棋名手和许多象棋著作，如《金鹏十八变》《梦入神机》《橘中秘》等都是明代象棋著名的著作，至今仍有重要参考价值。徐芝精选的《适情雅趣》是收入残局棋谱局数最多、规模最大、内容最丰富的一部著作，堪称巨著。《橘中秘》谱多为和棋，个别排局已经涉及古代象棋规则，利用规则当中的"将""杀"等战术手段达到和棋的目的。不难看出，在明代，象棋技术水平和技术理论的发展开始趋向精细化，棋手和爱好者对象棋的要求也不再仅仅满足于排局构思巧妙和杀法精彩的层面。象棋的理论发展与技战术融合又迈进了重要的一步。唐寅《谱双·书后》中说："今朽蒲,弹棋俱格废不传;打马、七国棋、汉官仪、五木等戏,其法具在,时亦不尚;独象棋、双陆盛行。"

明代王圻、王思义的《三才图会》象棋篇中"人事"一卷中辑录了"象棋局面图式""象棋下子法""局面名数""契九十分""象戏""象棋数诀"及六个残局等,这些内容均来自元至元六年版《事林广记》,可称吉光片羽,是弥足珍贵的棋史资料。

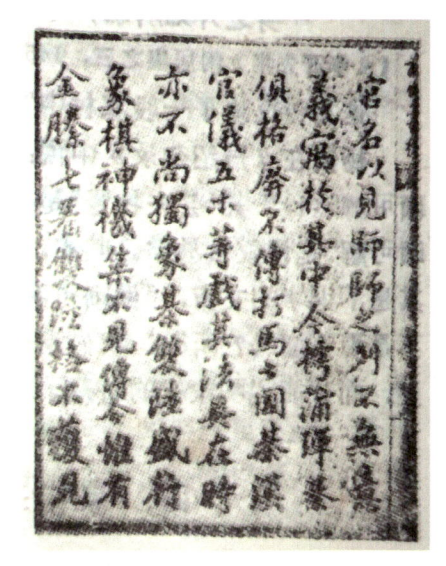

唐寅手迹

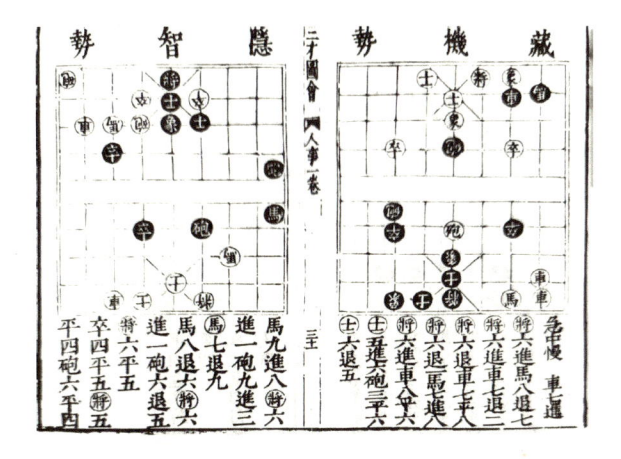

明 王圻、王思义《三才图会》记载象棋图谱

（五）清代象棋

清代是中国象棋发展的全盛时期，进一步平民化，且名家辈出，先后出现了王再越、张元淑、程兰如、刘上林等一批著名棋手和理论家。王再越所著《梅花谱》是具有划时代意义的棋谱，以屏风马对当头炮为主要内容，开创了"马炮争雄"的历史篇章。不仅如此，象棋著名的四大排局七星聚会、野马操田、千里独行和蚯蚓降龙也都是在清代完成的。这四个排局各具特色，但都是围绕车、马、炮、兵相互配合而展开，可以说清代是古代象棋理论发展和技术战术水平达到巅峰的历史阶段[1]。

清　下象棋《北京民间风俗百图》

三、七国棋

七国棋，也叫七国象戏，相传是北宋司马光根据当时民间流行的两人对局的象棋，模拟战国七雄，进行改革设计而成的。明正德八年（1513年）沈津《欣赏编》刊本几十集，"辛集"有《古局象棋图》，署名宋司马光撰。陶宗仪《说郛》收入时也署名司马光。后收入《丛书集成》。七国棋在当时虽然没有流行，但却流

---

[1]郭莉萍.象棋运动的文化流变[D].北京：北京体育大学，2014.

传到朝鲜和日本。

司马光于宋仁宗宝元元年（1038年）中进士，曾在宋仁宗、英宗、神宗三朝任官，哲宗时高太后临朝参政，他任八个月宰相。他自幼喜欢象棋，总觉得两人对局的象棋不过瘾，于是异想天开，把棋盘扩大为纵横各19路，即利用围棋盘，并把对局的人数由二人增至七人。他自认为这样一改，可以玩得更热闹、更有味道。但是，他的改革最终以失败而告终，七国象戏并没有流行开来，只是由于他官大名大，因此他所作的《七国象戏图》流传了下来。南宋裴子喜曾为之刻印；元末陶宗仪也把它收入《说郛》之中；明代高儒和清初钱曾等均藏有此谱，光绪三十二年（1906年）长沙叶德辉还为之翻刻流传[1]。

七国棋之名取自战国七雄的名字，棋盘的布局跟围棋的布局一样，不同的是棋子的布局。棋盘正中央是西周宗室（棋子为黄色），象征着天地中心，七国天子。棋盘的左半部分分别是位于左中的秦国（棋子为白色）、左上的燕国（黑色）和左下的楚国（赤色）；棋盘的右半部分分别是位于右边的齐国（青色）和魏国（绿色），右上的赵国（紫色）和右下的韩国（丹色）。

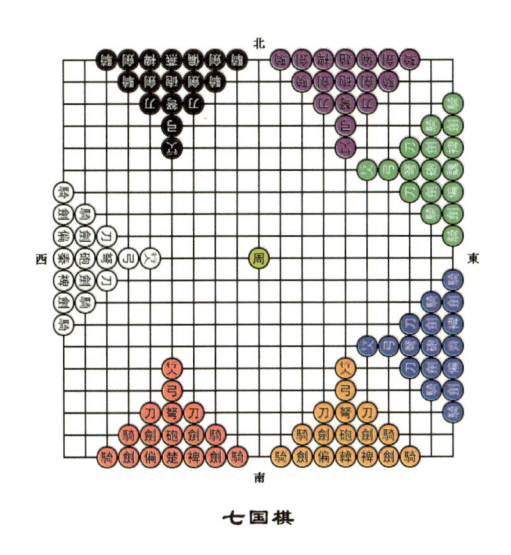

七国棋

七国棋的玩法比较复杂。每一方都有17枚棋子，分别是1个将军、1个偏将、1个裨将、1个行人、1个炮车、1个弓手、1个弩手、2个刀客、4个剑客和4个骑士。由于种类多，每种棋子的走法也多。将军享有最高的自由度，可斜行、直行，并且没有距离限制；偏将直行、裨将斜行；行人类似将军的走法，但是不能吃棋子

---

[1] https://baike.baidu.com/item/七国象戏.

或者被吃；炮车隔子打，跟现在的象棋一样；弓手可直行，斜行只能走4路；弩手可以斜行多走一路；刀客只能斜行；剑客只能直行。骑士可直一或斜三走。如果对方将军被抓或者被吃十个棋子，即为失败。

七国棋强调合纵连横，它的玩法不仅仅是两个人的对决，因此如果要想赢，必须要有合作，单纯的单打独斗必然会输。这和历史上的七国一样，下棋亦是如此。但是由于这种棋规则多，下起来烦琐，一般人难以对付，因此也不利流传，乃至失传。

四、六博

六博，战国时已有之。《楚辞·招魂》宋玉曰："菎蔽象棋，有六薄些，分曹并进，遒相迫些；成枭而牟，呼五白些。"王逸注："投六着，行六棋，故谓六薄也。薄，作博。"《史记·苏秦列传》记载："临淄甚富而实，其民无不吹竽鼓瑟、弹琴击筑、斗鸡走狗、六博蹋鞠者。"由此可见，六博是当时民众日常的娱乐棋技之一，在春秋战国时已风靡一时，成了中原诸国娱乐的游戏。《西京杂记》（卷四）"许博昌搏术"记有"许博昌，安陵人也，善陆博。窦婴好之，常与居处。其术曰：'方畔揭道张，张畔揭道方，张究屈元高，高元屈究张。'又曰：'张道揭畔方，方畔揭道张，张究屈元高，高元屈究张。'三辅儿童皆诵之。法用六箸，或谓之究，以竹为之，长六分。或用二箸。博昌又作《太博经》一篇。今世传。"

汉　六博俑（美国大都会博物馆藏）

一套完整的六博棋具，是由箸、棋、局组成。博箸相当于骰子的作用，共6枚，行棋前要先投箸，按投箸出现的结果行棋。棋子一般12枚，其中一枚大子为"枭"，5枚小子为"散"。局是由一块正方形或长方形的木板制成。

六博行棋方法主要分为"大博"和"小博"，南北朝的《颜氏家训·杂艺》记载："古为大博则六箸，小博则二茕，今无晓者。比世所行，一茕十二棋，数术浅短，不足可玩。"

西汉及以前的博法为大博，以六根箸当色子，以多吃博筹为胜。《楚辞·招魂》记载："成枭而牟，呼五白些。"指棋子竖起成为枭。正如《韩非子》言："博者贵枭，胜者必杀枭。"《战国策·魏策》也载有："夫枭之所能为者，以散棋佐之，夫一枭不敌五散也明矣！"《焦氏易林》记有："豫之剥：野鸢山鹊，弈棊六博；三枭四散，主人胜客。""否之睽：野鸟山鹊，来集六博；三鸟四散，主人胜客。"描述了六博行棋是模拟猫头鹰等鸟类在池塘猎鱼的行为。

东汉以后，六博出现了使用"茕"的小博，同样以多吃博筹为胜。《古博经》记载了小博的玩法。"博法：二人相对为局，局分为十二道，两头当中为'水'，用棋十二枚，古法六白六黑。又用'鱼'二枚，置于水中……，二人互掷彩行棋，棋行到处即竖之，名为'骁棋'。即入水食鱼，亦名'牵鱼'。每牵一盔，获二'筹'，翻一盔，获三'筹'……，获六'筹'为大胜也。"。

六博戏者铜塑组像生动地再现了中国汉代六博的情形，两名戏者，两名观者，两戏者手舞足蹈，忘乎所以，两观者也被棋局深深吸引。该组铜塑现存于美国大都会艺术博物馆。

六博戏者（铜）（美国大都会艺术博物馆）

六博陶俑为汉代文物。下棋者席地跪坐，神态专注，二人表情生动形象；观棋者随意而坐；棋盘刻画简洁明了；整个画面生动逼真，宛如情景再现。此组雕塑以黄、白二色为主色调，色彩欢快。现收藏于洛阳龙门博物馆。

六博是汉代画像石中常见的娱乐活动，六博深受汉代人们的喜爱，已成为汉代人日常生活中不可或缺的内容。在考古发掘中，日本和朝鲜等国家都发现了此类文物，说明六博的影响与传播范围较广。

汉代画像石《六博、送行图》。上面宾主对坐行六博之戏，二人中间放置承盘和酒尊，棋盘旁边有两只耳杯。画面下方的左边，两人似在送行，右边一人骑马赴约。输棋是要喝酒的，所以二人举手扬膊，烘托出热烈的气氛。

汉　六博陶俑（洛阳龙门博物馆）

汉　画像石《六博、送行图》（江苏徐州出土）

画像石《六博图》刻画了室内二人进行六博游戏的场景，左侧一人右手上举，左手指向棋盘，似在投箸，又似在催促对方，右侧一人双手摊开，似抱怨，似无可奈何。室外有牛、狗、鸭、鹅等，靠墙有一牛车，左下有一人在室内喂食室外的牛。整个画面充满生活气息。

画像石《六博图》（江苏徐州出土）

画像砖《四人六博图》刻画了两桌六博戏之场景，博弈双方全神贯注。画面上方对弈者右侧者举箸不定，左侧者伸臂催促；画面下方二人皆挥舞手臂，情绪高涨。

画像砖《四人六博图》（成都博物馆藏）

在画像砖《仙人六博图》的画面中，两仙人对博，二人手舞足蹈，面部表情夸张，两位仙人已然完全沉浸在六博游戏中。右侧仙人双臂展开，嘴巴大张，似下一招妙棋。左侧仙人手握棋子，显得举棋不定。画面上有一鸟，四周有灵芝仙草[1]。

---

[1] 于兆杰. 于无声处——汉代画像石中的体育娱乐活动[M]. 北京：中国纺织出版社有限公司，2023：122-125.

画像砖《仙人六博图》（四川博物院藏）

  关于仙人对弈，中国古籍典籍有偶遇仙人下棋的有趣故事，记载于六朝时刘叔敬《异苑》中："昔有人乘马山行，遥望岫里有二老翁相对樗蒲，遂下马造焉，以策柱地而观之，自谓俄顷，视其马鞭，摧然已烂，顾瞻其马，鞍骸枯朽。既还至家，无复亲属，一恸而绝。"这里所说的"樗蒲"是继六博戏之后，盛行于汉末时期的一种棋类游戏。博戏中用于掷采的骰子最初是用樗木制成，故称樗蒲。另外，南朝祖冲之所著的《述异记》中所录王质在石室山观棋"俄顷烂柯"的传说也广为流传。"信安郡石室山，晋时王质伐木，至，见童子数人，棋而歌，质因听之。童子以一物与质，如枣核，质含之，不觉饥。俄顷，童子谓曰：'何不去？'质起，视斧柯烂尽，既归，无复时人。"

  六博在汉代非常流行，喜爱者众多，满足人们的娱乐消遣。适度进行六博活动可以放松身心、联络情感，但过度沉溺于六博，容易玩物丧志。《孔子·家语·六仪》中哀公问于孔子曰："吾闻君子不博，有之乎？"孔子曰："有之。"公曰："何为？"对曰："为其二乘。"公曰："有二乘，则何为不博？"子曰："为其兼行恶道也。"《论语·阳货》："饱食终日，无所用心，难矣哉！不有博弈者乎！"当时孔子不参加六博游戏，并且指出了弊害之处。如秦国的雍宫之乱，即起因于六博之戏[1]。

  隋唐以后，基本上没有人下六博棋了，魏晋以后六博棋逐渐失传。

---

[1]崔乐泉.图说中国古代体育[M].西安：世界图书出版公司，2007.

五、双陆棋

双陆棋，是我国古代博戏的一种，古代又叫"握槊""长行"，另外还有"波罗塞戏"的别名[1]。双陆棋曾经风行一时，清朝消亡，如今社会上已失传。但在各类古籍，如明代传世的罕见典籍《三才图会》《居家必备》里有详细的规则和玩法记载，以及大量出土与传世实物。

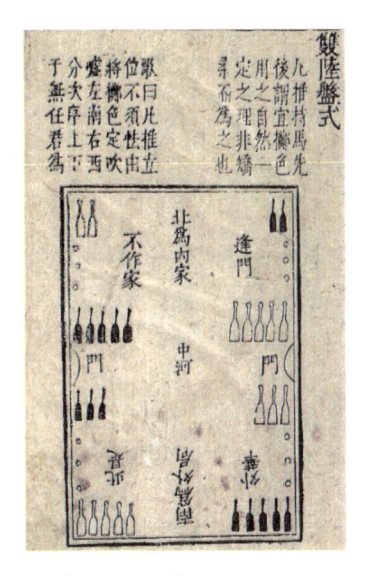

明 王圻《三才图会》记载的"双陆盘式"

《事物纪原》一书说，三国时"陈思王曹子建制双陆，置投子二"。而《山樵暇语》则认为"双陆出天竺（今印度）……其流入中国则自曹植始之也"。这两种看法虽在双陆的起源方面相异，但均以汉魏之际作为在中国出现的始发点，表明双陆这一棋戏于三国时已在中国流行了。

宋人洪遵著有《谱双》一书，书中列出北双陆、大食双陆、广州双陆、真腊阁婆双陆、南皮双陆、日本双陆等多种。以此分析，双陆当是舶来品，传入中国并流行起来。《旧唐书·后妃传》记载：武三思进入宫中，被升为御床，有一次和韦后打双陆，唐中宗在一旁为他们点筹进行娱乐游戏。

---

[1] 崔乐泉.图说中国古代体育［M］.西安：世界图书出版公司，2007.

北双陆　　　　　　　　大食双陆

广州双陆　　　　　　　真腊阇婆双陆

南宋　洪遵《谱双》中的双陆图

双陆曾风靡在唐代、五代、金代、元代。李肇在《国史补》云："今之博戏有长行最盛，王公大人颇或耽玩，至于废庆吊，亡寝食。及博徒用之，于是强各争胜，谓之撩零；假借分画，谓之囊家；什一而取，谓之乞头。"可见人们对双陆的狂热。

《新唐书·列传》中有记载武则天"双陆不胜"轶事。（武）召谓曰："朕数梦双陆不胜，何也？"于是，仁杰与王方庆俱在，二人同辞对曰："双陆不胜，无子也。天其意者以儆陛下乎！且太子，天下本……"。此外，还有许多史籍提及双陆。

《内人双陆图》是唐代画家周昉创作的绢本设色画，现收藏于美国弗利尔美术馆。《内人双陆图》写内人奕双陆，一女举一子将下，一女坐而凝思，一女扶一婢旁观，另有女婢二人，共异一水壶。旁观者侍婢，奔走憨娇之态，无不一一传出，曲尽其妙。断非宋人所能学步，定为周昉真迹之仅存者，殊可宝也。丁丑六月褚德彝记。双陆始于西印度，即《涅盘经》之波罗塞戏。其流入中国，则始于魏之曹植。宋洪遵《双陆序》云："以异木为盘，盘中彼此，内外各有六枚，故名。"今日本尚有双陆，黑白棋各十六枚，共三十二枚。

唐　周昉《内人双陆图》（现藏于美国弗利尔美术馆）

宋代，双陆更为普及。宋的双陆形制和打法与唐代差别不大，宋末元初陈元散在《事林广记》一书中曾刻入了当时流行的"打双陆图"，对双陆的格式、布局有着形象的表现。

南宋人洪遵所著的《谱双》一书，是今天所见介绍双陆的主要古籍。《谱双》是专论双陆棋的一本总结性著作，书中对双陆棋的种类、棋子、对弈的方法、布子格式、行子规则等都有比较详细的介绍。《事林广记》《山堂肆考》《谰言长语》《事物绀珠》等书中有关双陆的材料，大多源于《谱双》。

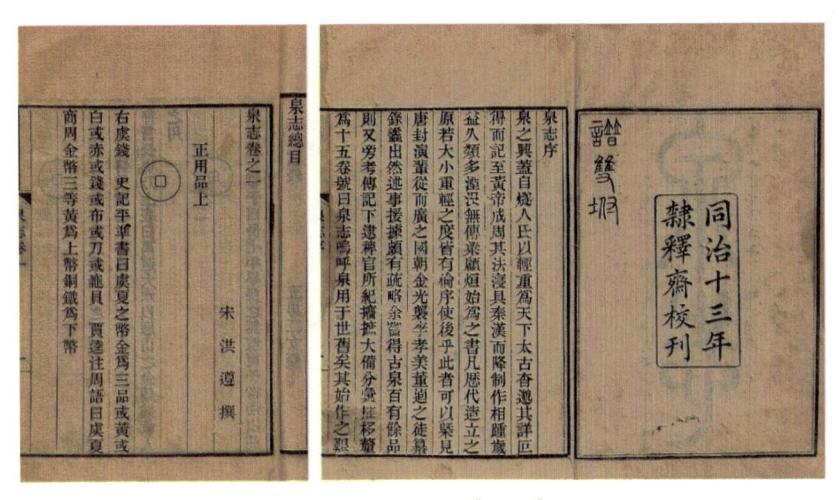

南宋　洪遵撰写《谱双》

1974年，辽宁法库县辽墓中出土了一副双陆棋具。这副双陆棋具与《事林广记》中的"打双陆图"形制相一致，反映出当时北方的契丹人中也盛行双陆游戏。

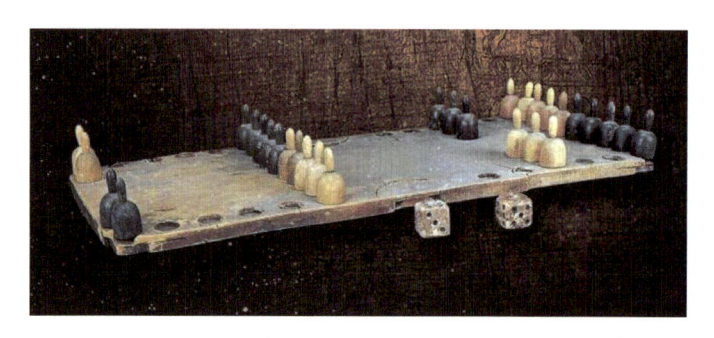

辽　漆木双陆棋（辽宁法库县叶茂台7号辽墓出土）

双陆在元代属于一种"才子型"的游戏，为文人及风流子弟所喜爱[1]。唐伯虎为重刻洪遵《谱双》所撰的序言中说："今樗蒲、弹棋俱格废不传；打马、七国棋、汉官仪、五木等戏，其法俱在，时以不尚；独象棋、双陆盛行。"这些描述均显示双陆的盛行。

双陆在清初已呈衰势，在清初李渔《风筝误》等小说、剧本中尚有提及。《红楼梦》也有写道"打双陆"，第八十八回《博庭欢宝玉赞孤儿　正家法贾珍鞭悍仆》中有："鸳鸯遂辞了出来，同小丫头来至贾母房中，回了一遍。看见贾母与李纨打双陆，鸳鸯旁边瞧着。李纨的骰子好，掷下去把老太太的锤打下了好几个去。鸳鸯抿着嘴儿笑。"

清　任熊《姚大梅诗意图册　双陆图》局部

---

[1] 崔乐泉. 图说中国古代体育 [M]. 西安：世界图书出版公司，2007：182.

清末双陆博法已失传，但古籍仍有详细记载。明代典籍《三才图会》里对双陆有详细介绍，并配有图示。

1973年，在新疆吐鲁番唐墓出土的双陆局，以螺钿镶成的花眼，内以螺钿镶嵌成云朵、花枝、飞鸟图案，十分精美。

唐　双陆棋具（新疆吐鲁番出土）

端陽節鬧龍舟

第五章 水上运动

水上运动包括游泳、跳水、竞渡、弄潮等。广西一带发现的战国铜鼓上，竞渡是常见的装饰纹饰。战国的宴乐渔猎攻战纹铜壶上就有浮游于水中的泳者形象。各种水上运动形式，在我国古代流行时间相当久远。

龙舟竞渡最早是古越人祭水神或龙神的一种祭祀活动。春秋战国时期，龙舟在吴越楚汉等地区流行，形成古代赛龙舟的习俗。自唐代，龙舟竞渡开始固定于每年的五月端午节。宋元时期更盛，特别是北宋金明池的『争标』活动，盛况空前，明清时期仍很流行，并一直流传至今。

弄潮是中国古代独有的一种游泳冒险活动，历经唐、宋、元、明四代，总弄潮儿与钱塘大潮搏击，展现出人类的勇敢精神及挑战自然的能力。

游泳是人们在长期的生活和生产过程中掌握的浮水、潜水和戏水的技能。游泳曾作为军事技能的训练内容，以及生活的基本技能之一，同时游泳也是一种有益健康的锻炼手段。

一、龙舟竞渡

龙舟竞渡又称"赛龙舟""划龙舟""龙船赛会"等，划龙舟最早是古越人进行崇拜祭祀的一种宗教活动。春秋战国时期，龙舟在吴越楚汉等地区流行，并被赋予纪念屈原、伍子胥、曹娥等意义，形成古代端午赛龙舟的习俗[1]。在我国的大部分地区都有在端午节举行龙舟竞渡的习俗。

关于古代龙舟的记载最早的文献史料是《穆天子传》。"癸亥，天子乘鸟（龙）舟，浮于大沼。"在《楚辞·九歌》中也有相关记载，可见在战国时期就已经有龙舟了。《淮南子·本经训》记载："龙舟鹢首，浮吹以娱。""龙舟，大舟也，刻为龙纹以为饰；鹢，大鸟也，画其象著船头，故曰：鹢首。舟中吹籁与竽以为乐，故曰：浮吹以娱。"关于竞渡的记载最早的史料应该是西晋周处的《风土记》："仲夏，端午，……踏百草，竞渡。"后至南朝梁代宗懔撰写的《荆楚岁时记》，唐代及唐代以后的记载更为丰富。

刻有划龙舟船纹的西汉铜鼓（赫章可乐出土）

关于龙舟竞渡的文献记载很多，龙舟竞渡的起源一直都有争议。关于龙舟竞渡的起源主要有以下几种说法。

---

[1] 于兆杰.岭南龙舟文化的意蕴与嬗变研究［C］//体育文化遗产论文集.广州美术学院，2014：7.

纪念越王勾践。这一传说是为了纪念卧薪尝胆、打败吴国的越王勾践。《事物原始·端阳》引《越地传》："越地传云，竞渡之事起于越王勾践，今龙舟是也。"

越王勾践塑像

纪念伍子胥和曹娥。传说伍子胥因遭谗言诽谤，被吴王夫差命人抛于钱塘江中，曹娥驾舟去救。"五月五日，时迎伍君，逆涛而上，为水所淹。"后人据此划龙舟，模仿拯救伍子胥的情景。

另一种说法则干脆把龙舟竞渡的起源直接附会在曹娥身上。《后汉书·列女传》记载："孝女曹娥者，会稽上虞人也。父盱，能弦歌，为巫祝。汉安二年五月五日，于江县诉涛婆婆（迎）神，溺死，不得尸体骸。娥年十四，乃沿江号哭，昼夜不绝声。旬有七日，遂投江而死。"意思是说曹娥的父亲在迎水神时不幸溺水而亡，曹娥沿江哭号七天，痛不欲生，最后投江而死。后人为她的孝心所感动，就在江上划龙舟进行纪念。

东晋 王羲之《孝女曹娥碑》

纪念楚大夫屈原。这种说法普遍被接受，是流传最广的版本。南朝梁代吴均撰写的《续齐谐记》载："楚大夫屈原遭谗不用，是日投汨罗江死，楚人哀之，乃以舟楫拯救。端阳竞渡，乃遗俗也。"《隋书·地理志》说："屈原以五月望日赴汨罗，土人追至洞庭不见。乃歌曰，何由得渡湖？因而鼓棹争归，竞会亭上。习以相传，为竞渡之戏，迅楫齐驰，棹振水陆，观看如云。"屈原是春秋时期楚怀王时期的三闾大夫，也是著名诗人，他倡导举贤任能，富国强兵，力主联齐抗秦，但遭到奸臣的诽谤陷害，被革职流放。公元前278年，听闻秦军攻破楚国国都，屈原心如刀绞，悲痛欲绝的他在五月初五写下绝笔之作《怀沙》后，抱石自沉于汨罗江，以身殉国。噩耗传来，当地百姓纷纷划着船从四面八方赶来捞救，却无法寻得屈原的尸体，为寄托哀思，人们便击鼓荡舟于江河之上，此举相沿成习，从而产生了龙舟竞渡活动。

屈原像　自明代王圻《三才图会》（万历刻本）

关于龙舟竞渡，以上三种说法占据主流，其他地域及少数民族也有不同的传说，但基本上是用本民族的传说置换了汉族竞渡有关的传说。

对于龙舟竞渡的起源，闻一多先生认为："端午节本来就是吴越民族进行图腾祭祀的日子，而赛龙舟便是祭祀中半宗教、半娱乐性的节目。"由于后来纪念屈原的日子与此耦合，这些习俗被巧妙地转化为纪念屈原的传统方式[1]。闻一多先生的这种说法被学术界所普遍接受和征引。还有专家推断端午节是古代百越族用于祭祖的节日，百越族是一个古老部族，他们以龙为图腾，划龙舟则是他们祈福祭祀的一种习俗。历经数千年的发展，经历多次民族大融合，大部分百越人已经融合到南北的各民族中。因此，端午节成了全中华民族的节日[2]。

在广西贵县汉墓出土的铜鼓上，刻有划船纹。"饰六组羽人划船纹，船头向左，每船六人，其中三船的划船者全戴羽冠，另三船各有一人裸体；船头下方有衔鱼站立的鹭鸶或花身水鸟，水中有游动的鱼。"

---

[1] 于兆杰. 岭南龙舟文化的意蕴与嬗变研究[C]//体育文化遗产论文集. 广州美术学院，2014：7.
[2] https://m.thepaper.cn/baijiahao_18420457 (史话，端午节的由来).

刻有龙舟纹饰的铜鼓局部

　　因此可见，龙舟及其竞渡实际上是古人图腾崇拜的遗俗。从原始时期开始，人类将某种事物或现象，甚至想象出的某些事物视为图腾。图腾所代表的是种族的象征，可给予人类力量、勇气和技能，也由此产生了种种图腾文化。我国祖先将龙视为雷雨之神，控制着雨水的供应，对于以农业主的农耕民族来说，雨水是主要的命脉，当然对掌管它的神敬畏有加。古籍曾记载："鲧死……化为黄龙，是用出禹。"表明我国最晚在夏代，人们就认定其祖先鲧、禹都是崇龙的。《括地志》载："禹平天下，二龙降水，禹御龙行域外，即周而还。"古代先民祈求龙图腾神灵的保佑，得以风调雨顺，五谷丰登。在我国古代南方，古越族人自认是龙的传人，"断发文身，以象龙子。"

汉画像石　二龙穿壁

龙与舟的结合是人们龙图腾崇拜的结果，是在生产生活过程中，祈求龙神灵保佑所形成的。吴越先民很早就会制舟和操舟技术，但受社会发展限制，人们驾舟作业深受自然灾害的影响，甚至造成船毁人亡的悲剧。自然力不可战胜，人们转而祈求他们的神灵——龙保佑他们，因此，人们在祭祀龙图腾的节日里，用饰龙的独木舟竞渡，来敬奉欢娱神明（龙），以祈求上天庇佑，风调雨顺，去凶消灾。龙舟竞渡前，还要举行一系列的仪式，先要请龙、祭神。不同地域和民族有着各自不同的程序和礼仪，如广东佛山南海龙舟赛，在端午节之前要将埋在水下淤泥中的龙舟挖出，叫"起龙"舟，然后前往南海神庙进行祭祀，再安上龙头、龙尾，方可竞渡。至今南海当地仍然保留此习俗。

在广西花山岩画"祭河神"的画面中的船上一般有数人，侧身，屈肘举手，半蹲，动作一致，似舞蹈，又似奋棹击水。

祭河神　广西花山岩画

唐宋时期，竞渡者还要纹身，如唐代张建封的《竞渡歌》说："须臾戏罢各东西，竞脱纹身清书上。"竞舟者纹身，目的是使自己像龙子，求得龙神保护，逃脱船翻人亡的危险。以龙为图腾的吴越居民，常在自己的身体上和日常用具上，刻画图腾的形象，以强化自己和图腾之间的联系，求得图腾的保护。达到与龙同娱、讨好神灵的目的，向掌管雷雨的龙神祈求无病无灾、风调雨顺[1]。

唐李昭道《龙舟竞渡图》中的情景当为宫廷中欢度端午的情景。画面由宫廷楼阁、叠嶂的山峦、大小龙舟组成。画面中，龙舟上的人清晰可辨，画面生动有趣。所绘龙舟生动可掬，灵动飘逸[2]。

---

[1] https://news.cctv.com/special/zgctty/20070604/101859.sht（"［民俗篇］"龙舟竞渡的起源及其文化内涵）.

[2] https://www.sohu.com/a/553863810_120217020（唐·李昭道《龙舟竞渡图》）.

唐　李昭道《龙舟竞渡图》

在长期的演变发展过程中，龙舟竞渡的内涵也有了新的变化。以前带有鲜明的图腾、宗教和祭祀色彩，在战国之后逐渐融入了娱乐的民俗因素，汉魏以后龙舟竞渡在民间就更流行了。《淮南子·本经训》："龙舟鹢首，浮吹以娱"，描写的是划着龙船、摇船在水上奏乐、游玩的情景，是一种游船竞渡。到了隋唐时期，龙舟竞渡的时间逐步趋于统一，端午节龙舟竞渡已转化为纯粹娱乐性质的节俗了。《隋书》里有这样的描述："迅楫齐驰，棹歌乱响，喧振水陆，观者如云。"唐代诗人张建封所作《竞渡歌》中有生动的描述："五月五日天晴明，杨花绕江啼晓莺。使君未出郡斋外，江上早闻齐和声。使君出时皆有准，马前已被红旗引。两岸罗衣破晕香，银钗照日如霜刃。鼓声三下红旗开，两龙跃出浮水来。擢影斡波飞万剑，鼓声劈浪鸣千雷。鼓声渐急标将近，两龙望标目如瞬……只将输赢分罚赏，两岸十舟五来往。须臾戏罢各东西，竞脱文身请书上……"可见，唐代龙舟竞渡的比赛规则已相对规范。如起点处拉长绳使参赛的各条船保持平齐，然后用鼓声发令。擂鼓三响，红旗挥动，竞渡船方可竞驶。官方和民间均喜欢竞渡这种竞技性和趣味性都很强的端午娱乐活动。"上有好之，下必甚焉。"竞渡活动的如火如荼，对龙舟的造船方法、选桡材料、参赛人数、划船节奏、赛船技巧都有了专门的研究，使得这种端午节庆娱乐活动发展至顶峰。唐朝皇室贵族很喜爱这项来自民间的竞技活动，先是在皇宫的兴庆池举行，后来皇帝嫌兴庆池太小，又开凿了新池子。唐敬宗还命令用国家全年运输费用的一半造20艘大龙船，后来在大臣的劝说下才同意只造十艘。

这说明皇家的龙舟赛是很豪华奢侈的。

到了五代，龙舟竞渡得到官方的大力提倡。端午节这一天，官府为龙舟比赛设置锦标，龙舟竞渡者划舟争标，最先争夺到锦标的就称为夺标，也就是第一名。所谓锦标就是在终点处立一竹竿，竿头上悬锦彩，而这种夺标赛就是以后体育比赛中"锦标"的由来[1]。

至宋代，举行竞渡的时间也不再限于端午节，而且娱乐之风也越来越盛行。《东京梦华录》卷七"驾幸临水殿观争标锡宴"记载了北宋皇帝观看金明池龙舟竞渡之事。"对水殿排成行列，则有小舟一军校执一竿，上挂以锦彩银盌之类，谓之'标竿'，插在近殿水中，又见旗招之，则两行舟鸣鼓并进，捷者得标，则山呼拜舞，并虎头船之类，各三次争标而止，其小船复引大龙船入奥屋内矣。"

《金明池争标图》则在视觉上展现了当时龙舟竞渡的盛况。《梦粱录》描述了南宋杭州"龙舟六只，戏于湖中"。黄公绍在《端午竞渡棹歌十首》说："看龙舟，看龙舟，西堤未计水悠悠。一片笙歌催啼晚，忽然鼓棹起中流。""棹如飞，棹如飞，水中万鼓起潜螭，最是玉莲堂上好，跃来夺锦看吴儿。"

北宋　张择端《金明池争标图》局部

---

[1] http://dragonboat.sport.org.cn/xwdt/2005/0127/417198.html（中国龙舟协会：龙舟竞渡-对忠臣的怀念）.

明清以来，各地的龙舟竞渡中融入的游戏、嬉戏成分越来越多。清代李斗《扬州画舫录》对龙舟竞渡有生动的描述："龙船自五月朔日至十八日为一市。先于四月晦日试演，谓之'下水'。至十八日牵船上岸，谓之'送圣'。船长十余丈，前为龙首，中为龙腹，后为龙尾，各占一色。四角枋柱，扬旌曳旗，篙师执长钩，谓之'跕头'。舵为刀式，执之者谓之'拿尾'，……两旁桨折十六，前为头折，顺流而折，谓之'打招'。一招水如溅珠，中置戽斗戽水，金鼓振之，与水声相激。上供太子，不知何神，或曰屈大夫，楚之同姓，故曰太子。"

《金明池争标图》以水殿为中心，在水殿前有一只大龙船，周围围绕十只小龙舟。大龙船雕梁画栋，金碧辉煌。由于大龙船庞大笨重，不便于参加竞渡，小龙舟就承担了队列表演任务，最后聚集在一起参加夺标竞赛。《金明池争标图》生动地再现了北宋年间人们欢度端午节的情景，为研究宋代社会生活、民俗和文化发展提供了直观的珍贵史料。北宋灭亡后，旧臣朱翌记起当年金明池的喧腾，在《端午观竞渡曲江》中写道："却忆金明三月天，春风引出大龙船。二十余年成一梦，梦中犹记水秋千。"

南宋年间，在西湖仿照金明池竞渡的旧事，皇帝"游幸湖山，御大龙舟"。而西湖的竞渡由地方官京兆尹设赏格，对贵客进行犒赏。"龙舟十余，彩旗叠鼓，交午曼衍，粲如织锦。内有曾经宣唤者，则锦衣花帽，以自别于众。京尹为立赏格，竞渡争标。内珰贵客，赏犒无算。都人士女，两堤骈集，几无置足地。"有高额赏格的激励，竞争激烈，因而人气十分高涨。《梦粱录》记载了这样一幅画面：每年的二月初八，为了庆祝祠山崇仁真君的圣诞，西湖上都要大开画舫，进行热闹非凡的演出，"龙舟六只，戏于湖中……杂以鲜色旗伞、花篮、闹竿、鼓吹之类。"

宋　佚名《龙舟竞渡图》

明代文人侯一麐也曾写过十分精彩的《竞渡曲》："新水浮云不见天，画船处处匝龙舟。谁家少妇轻回首，忘却临流落翠钿。"他还有一首描述龙舟竞渡的热闹场面的七言绝句诗，"青烟横拂五云旗，一片洪波倒翠微。顷刻鼓声何处尽，天边遥见六龙飞。"张岱的《陶庵梦忆》卷五《金山竞渡》载有："金山上，人团簇，隔江望之，蚁附蜂屯，蠢蠢欲动。晚则万艓齐开，两岸沓沓然而沸。"

元　郑重《龙舟竞渡图》（台北故宫博物院藏）

明清时代，竞渡仍是端午期间民众关心、讨论的热点活动和话题。"自四月造船，便津津有味，五月划船后，或胜或负，谈至八、九月间，沾沾犹未厌也。"一条船获胜会给全村人带来欢乐，人们提前月余准备，只为端午时节的狂欢，几个月后，人们谈起仍兴趣盎然！"凡船赛，胜则以梢为头，倒转划之"，船上人敲锣打鼓，演戏祝贺。历史上温州地区有"两湖竞渡"的习俗，"两湖者，南方伯，北太师湖也。端阳（午）节前一日至五日，金鼓合作，辐辏湖心，彩旌画楫，炫耀而缤纷者，龙舟也。舟上衣服器杖，红黄苍碧，无相凌杂，各肖其龙之色也。楫动飞舟，争先取胜，夺采波心。龙舟竞也。环岸如堵，万声嘈嘈，震骇千里，观者踊跃而欢呼也。"端午节龙舟赛的生动画面在文人笔下跃然纸上。

清代，满人本无龙舟竞渡之俗，但很快也被汉人龙舟竞渡的热闹场面所感染，并陶醉其中。据《清稗类钞》载："乾隆初，高宗于端午日命内侍习竞渡于福海，画船箫鼓，飞龙鹢首，络绎于波浪间，颇有江乡竞渡之意。"乾隆甚至还写有"中流九龙舟，谁肯相参差"的诗句。有了皇帝的参与，加上清朝辽阔的疆土，清代的龙舟竞渡很快便发展成为无论在参加人数还是在影响地域方面，均超过以往各朝的一项活动。

清词人陈维崧《贺新郎·丁未五日程昆仑别驾招同谈长益何雍南石崖程干一金山看竞渡》再现龙舟竞渡繁盛："一鼓鱼龙急。看滔滔、妙高台下，乾坤嘘吸。彷佛云旗和翠盖，贝阙鳞堂齐葺。料此际、百灵都集。十万黄头皆突鬓，挽湘累、今

清　徐扬《端阳故事图观竞渡》

夜谁先及。有人在，江潭泣。吴儿柁尾飘红褶。但回帆、水云飐处，翻身径入。不斗黄金唯斗捷，江水骇时欲立。惹商妇、银筝声涩。一霎悲欢才过眼，渐日斜、桂楫纷收拾。山如睡，黛还湿。"

清代《杭州四季风俗》手卷描绘了清代杭州当地以婚丧嫁娶为主的风俗。采用鸟瞰全景的画法，并将闹元宵、嫁娶、龙舟竞渡、品茶、社交等生活元素巧妙地安排其中。真实地描绘了各行业人物细节和当时的生活场景，是研究清代杭州民俗史料十分重要的图像依据。

《雍正皇帝福海观竞舟图》局部，自《雍正皇帝十二月令行乐图》

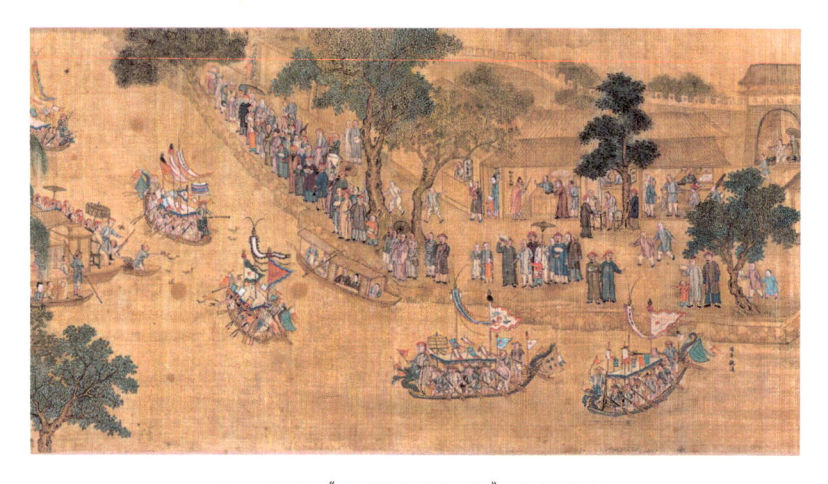

清　佚名《杭州四季风俗》手卷局部

清《龙舟竞技图轴》采用写实的手法，为我们再现了江南地区端午时节龙舟竞赛的热闹场景。龙舟上旗幡招展、锣鼓齐鸣。水手们精神抖擞，动作整齐划一。江面上的各式游船及岸边的亭台水榭都挤满了观看比赛的人，热闹非凡。

清　佚名　龙舟竞技图轴

纵观龙舟竞渡的源起、发展和变化过程，经历了祭祀、崇拜，敬神娱神，到娱人自乐的过程，敬神逐渐成为一种仪式，而欢乐则成为竞渡的内涵。根据清代人记载江南一带的龙舟赛史料，增加了不少水中嬉戏表演的内容，甚至仿制官家龙船建造水上台阁，将曲艺杂技等表演融入龙舟赛中，使之具有观赏性和娱乐性。

南京，每年端午节的龙舟则集中在城南夫子庙前的泮池中，水手们在船上做各种表演。从杨柳青和桃花坞的龙舟年画内容中反映出了民间龙舟开展的盛况及单纯的比赛到娱乐表演的特点变化。

桃花坞年画　龙舟

杨柳青年画　赛龙舟

二、弄潮

弄潮，即在潮头搏浪嬉戏。"弄潮"之名，据明代田汝衡《西湖游览志》记载："濒江之人，好踏浪翻波，名曰弄潮。"宋吴自牧《梦粱录》中有"以近子骨弄潮之戏"的记载，杭州自吴越春秋时已尊伍子骨为"潮神"，可见"弄潮"以迎"潮神"的风俗由来已久。"碧山影里小红旗，依是江南踏浪儿""吴儿生长押涛恶，冒利轻生不自怜"，这是北宋诗人苏东坡描写弄潮人的诗词，可见弄潮在宋时已盛行。唐李益《江南曲》："嫁得瞿塘贾，朝朝误妾期；早知潮有信，嫁与弄潮儿。"可知"弄潮儿"古已有之。

清　袁江《观潮图》

"弄潮",往往与"天下奇观"的钱塘江潮联系在一起。"钱江秋涛",自古为钱塘十景之一。特别是南宋建都杭州,八月十八观潮,已成为每年例行的民间四时幽赏风俗;而在观潮同时,又有检阅水师、祭祖潮神、弄潮等一系列习俗。宋代周密《武林旧事》、吴自牧《梦粱录》等书中都对"弄潮"有较详尽的描述。

由于钱塘江入海之处地貌构造特殊,入海口呈喇叭形,江口大而江身小,每年农历八月,海潮最大时。潮头最高时达3～4米,潮差可达9米,奔腾澎湃,势无匹敌。唐宋时期,涌潮远出海门,直扑杭州,水如悬崖,声似雷霆,震撼两岸。当此之时,钱江潮号称天下奇观。

每年农历中秋前后,钱塘潮汛最大时,吴越居民往往不顾潮高浪急,纷纷下江戏游,史称弄潮。宋代辛弃疾《摸鱼儿·观潮上叶丞相》描绘了钱塘潮的宏大气势和弄潮儿的英姿:"望飞来、半空鸥鹭。须臾动地鼙鼓。截江组练驱山去,鏖战未收貔虎。朝又暮。诮惯得、吴儿不怕蛟龙怒。风波平步。看红旆惊飞,跳鱼直上,蹙踏浪花舞。"宋张淏《会稽续志》卷七《潮赜》为此解释说:"钱塘风俗喜游,二月花时竞集湖山间,非独不暇观潮,而天色尚寒,弄潮儿难以久狎于水,故是月之潮无所称道。八月乍凉,而天色犹热,弄潮儿得尽其技,人情久厌城居,故空巷出观,以此独称八月潮大耳。"客观上,弄潮活动的高涨,也使得钱塘江大潮声名远扬。

早在唐朝,吴越已有众多的弄潮儿参与弄潮。如《元和郡县志》卷二六钱塘县条记载:"浙江……流入于海,江涛每日昼夜再上,常以月十日二十五日最小,月三日十八日极大,小则水渐涨不过数尺,大则涛涌高至数丈。每年八月十八日,数百里士女共观,舟人渔子泝潮触浪,谓之弄涛。"另如白居易《重题别东楼》诗有"秋风霞飐弄涛旗"之句,集中自注:"余杭风俗……每岁八月,迎涛弄水者,悉举旗帜焉。"弄潮儿手持旗帜,搏斗于潮头上,意在显耀身手,凸显高超技艺。

在唐诗中描写弄潮的并不鲜见,如元稹《戏赠乐天复言》云:"弄涛船更曾观否,望市楼还有会无。"陈陶《钱塘对酒曲》云:"风天雁悲西陵愁,使君红旗弄涛头。东海神鱼骑未得,江天大笑闲悠悠。"罗隐《钱塘江潮》云:"八月钱塘江口开,万人鼓噪岸边排。弄潮健儿显身手,风头浪尖逞矫材。"

钱塘观潮

到了北宋时期，弄潮活动则是有一个高潮。蔡襄《戒弄潮文》这样记载："斗牛之分，吴越之中，维江涛之最雄，乘秋风而益怒，乃习俗于以游观。厥有善泅之徒，竞作弄潮之戏。"描绘了北宋钱塘观潮之际，弄潮勇士奋勇拼搏，与潮共舞，乘风破浪，在胜似信步中大出风头。

北宋时期，众多文献里有对弄潮的描述。韦骧《八月十八日观潮》诗描述说："一岁之潮盛今日。雪山横亘截江来，巨浪翻空生倏忽。吴儿当此夸善泅，执炬扬旗徐出没。旁观奚止动精爽，壮士为之犹股慄。由来习俗竞兹辰，士女欣然勇相率。纷纷毕集绕长堤，翠盖成阴何栉密。"人们在观看江潮倒涌的奇观，更能欣赏到弄潮儿的高超技艺。苏轼《催试官考较戏作》描述："八月十五夜，月色随处好。不择茅檐与市楼，况我官居似蓬岛。凤味堂前野桔香，剑潭桥畔秋荷老。八月十八潮，壮观天下无。鲲鹏水击三千里，组练长驱十万夫。红旗青盖互明灭，黑沙白浪相吞屠。人生会合古难必，此景此行那两得。愿君闻此添蜡烛，门外白袍如立鹄。"范仲淹也有关于弄潮的描述，《和运使舍人观潮》有云："何处潮偏盛，钱塘无与俦……北客观犹惧，吴儿弄弗忧。"

北宋时期的弄潮已经注重水上高难度技巧的展示，一些技艺高超的弄潮儿，勇立潮头，挥动旗幡红旗，尽

王弘力 《中国古代风俗百图》塘弄潮

管潮浪翻涌，仍保持旗帜不湿。宋太宗时期的词人潘阆作《酒泉子》赞扬弄潮儿技艺之高超："长忆观潮，满郭人争江上望。来疑沧海尽成空，万面鼓声中。弄潮儿向涛头立，手把红旗旗不湿。别来几向梦中看，梦觉尚心寒。"苏轼《瑞鹧鸪·观潮》亦云："碧山影里小红旗。侬是江南踏浪儿。拍手欲嘲山简醉，齐声争唱浪婆词。"

南宋时期，偏安南方，虽然痛失半壁江山，但钱塘弄潮始终没有停止。周密《武林旧事》卷三记载："浙江之潮，天下之伟观也，自既望以至十八日为最盛。方其远出海门，仅如银线，既而渐近，则玉城雪岭，际天而来。……吴儿善泅者数百，皆披发文身，手持十幅大彩旗，争先鼓勇，溯迎而上，出没于鲸波万仞中，腾身百变，而旗尾略不沾湿，以此夸能。而豪民贵宦，争赏银彩。江干上下十余里间，珠翠罗绮溢目，车马塞途，饮食百物皆倍穹常时，而僦赁看幕，虽席地而不容间也。"吴自牧《梦粱录》卷四记载："其杭人有一等无赖不惜性命之徒，以大彩旗或小清凉伞、红绿小伞儿，各系绣色缎子满竿，伺潮出海门，百十为群，执旗泅水上，以迓子胥弄潮之戏，或有手脚执五小旗浮潮头而戏弄。"《武林旧事》卷三记载水军将士："并有乘骑弄潮标枪舞刀于水面者，如履平地。"耐得翁《都城纪胜》也说："惟浙江自孟秋至中秋间，则有弄潮者，持旗执竿，狎戏波涛中，甚为奇观，天下独此有之。"释宝昙《观潮行》这样描述潮头旗影："八月十八钱塘时，潮头搅海雷怒飞。……红幡绿盖弄潮者，出没散乱同凫鹥。"足见弄潮健儿们之过人胆识、强盛体力、无畏精神和高超技艺。

宋　李嵩《月夜看潮图》

明朝人在钱塘上观潮和弄潮，仍保有宋代遗风。《明诗纪事》乙签卷一三载其《看潮词》云："一线初看出海迟，司封祠下立多时。须臾金鼓连天震，忙杀中流踏浪儿。"田艺蘅也曾对弄潮儿赞赏，他的两首词，刻画出了弄潮儿的拼搏精神，诗中这样说："自古人看八月涛，就中十八浪能高。弄儿出没烟波里，手舞红旗战海鳌。""暎江楼上指潮生，万艇迎潮水底行。南人经惯平始地，北人一见梦魂惊。"田汝成在《西湖游览志》卷二四记述了当时弄潮的境况："濒江之人，好踏浪翻波，名曰弄潮。"同时他又在《熙朝乐事》一书中说："郡人观潮，自八月十一为始，至十八最盛。盖因宋时以是日教阅水军，故倾诚往看。至今犹以十八日为名，非谓江潮特大于是日也。是日，郡守以牲醴致祭于潮神。而郡人士女云集，儇倩幕次，罗绮塞途，上下十余里间，地无寸隙。伺潮上海门，则泅儿数十，执彩旗，树画伞，踏浪翻涛，腾跃百变，以夸技能。豪民富客争赏财物。"

钱塘江弄潮在中国古代体育发展历史上留下了深深的印记，展现了古人挑战大自然的勇气和决心。由于弄潮儿的不畏艰险，奋勇拼搏，"弄潮"一词最终演变成为中华民族进取精神的代名词。

三、游泳

《诗经·谷风》描写到："就其深矣，方之舟之。就其浅矣，泳之游之。"描写了古人操舟御水的能力。古人在长期与水打交道的过程中，逐步了解和熟悉水性，进而摸索并掌握水中游泳的技巧。

原始社会，人类为了从水中获取生存食物，长期与水打交道，经过长期的尝试和总结，便学会了游泳，在不断的游泳过程中得以提高和完善技术。《庄子·达生篇》中有"没人"的记载，郭璞注云："没人谓能鹜没于水底。"可见，早在二千五百年前，人们游泳技术已到达一定的水平。

《淮南子·诠言训》云："渡水而无游数（数通术），虽强必沉；有游数，虽羸必遂。"指出渡水需要一定的游泳技能。古人初学游泳时，为避免溺水，往往借助于能够漂浮的物体，如木头、竹子、葫芦，以及充气的皮囊、羊皮等，据《事物纪原》记载："燧人以匏济水。"记述古人借助"匏"（即瓢葫芦）达到漂浮的目的。匏是上古时代学习游泳的浮具，也是乘船渡江过河的救生之物，至今，海南五指山还有"葫芦渡水"的民俗比赛。《诗经》里的《邶风·谷风》记载："就其深矣，方之舟之；就其浅矣，泳之游之。"学者考证，那时候游泳一词是分开用的，"游"是指浮水，"泳"是指潜水。战国《庄子·秋水》记载："水行不避蛟龙

清　布达拉宫壁画局部

者，渔夫之勇也。"说明渔夫具有高超的游泳技能。

在我国古代，接触水环境往往会被划分为浮、涉、没。"浮"水是漂浮在水面上游泳；"涉"水则是站立在水中行走，类似现代的踩水；"没"是潜水，将头没入水中，在水中前行。

敦煌莫高窟有多幅描写游泳的壁画，其中257窟的壁画为《游泳图》，画面中的游姿十分接近现代自由泳的泳姿，说明北方及西北地区游泳活动在当时亦比较常见。《游泳图》中，四个裸体人物在碧绿的水池中围绕一朵大莲花追逐嬉戏，周围有水草缠绕点缀、水禽浮游。整个画面中，人物姿态舒展优美，表现了佛国世界莲花海中自由快乐的生活。外层四角绘有飞天，与池中人内外相应。方井边饰有云气纹、散点小花、波线网状小花连续纹。裸体人物在敦煌壁画中较为罕见，这样畅游的泳姿更是仅见于此。所以，此图曾被选为代表古代游泳的莫高窟奥运宣传画。此画多为文人画匠临摹，大师张大千也曾临摹此画。

北魏　《游泳图》（敦煌莫高窟257窟）

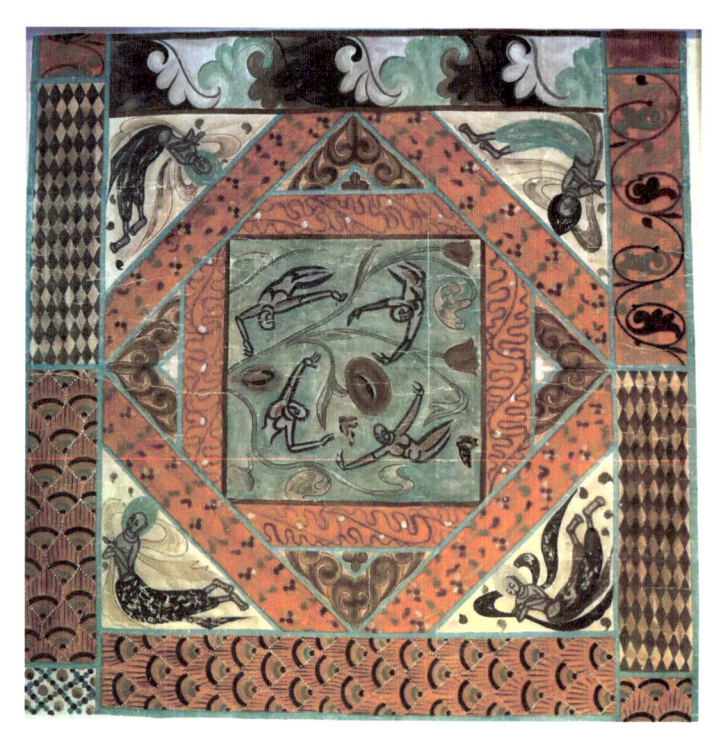

北魏　257窟窟顶《游泳图》临摹作[1]

敦煌莫高窟329号东壁门上壁画中，一人上身赤裸，两臂前伸，身体舒展低头，在水中游泳，周围彩云有如水花，又仿佛投身向佛。

游泳（敦煌莫高329号窟）

---

［1］张大千临摹（并非忠实于原作，而是有所发挥）。

敦煌莫高窟的壁画中，第420窟隋代《观音变》中，绘有两人正在水中游泳，两人手臂前伸上举，似现代的蝶泳手臂，下肢又似自由泳打腿。

隋　《观音变》（敦煌莫高窟第420窟）

人们掌握游泳技术后，被广泛地应用到社会生活、生产、战争、娱乐等方面。春秋战国时期，封建统治阶级把游泳当作军事训练的手段维护他们的统治。把游泳用于战争，作为克敌制胜的巧妙手段。如齐桓公为训练水军，修建了大规模的游泳场地，并下令"能游者，赐千金"。《六韬·奇兵篇》中记载："奇技者，越深水渡江河者也。"越国则有"习流君子之军，宋置楼船军，以习水善泳之人充之"可视为国家训练水军的佐证。

《汉书》中记有："武帝元狩三年，辛酉帝欲浅昆吾，因教习水战作昆明池……"《环济要略》中记有："伏波，船涉江海，欲浪伏息也。"《东观汉记》中记有："光武以马援为伏波将军"，书中还记有："贾宗字武孺为长水校尉"。"长水校尉"是由汉武帝设立的，属于八校尉之一，是长于水战用船之事务者。五代时期，《资治通鉴》（卷二六六）描述了淮南将冷业与楚将许德勋在朗口交战，许德勋"使善游者五十人，以木枝叶覆于首，持长刀浮江而下，夜犯其营，且举火，业军中惊扰。许德勋以大军进击，大破之，追至鹿角镇，擒业。"足以证明游泳技术在古代战争中的重要应用，泅水作战有时能起到奇兵的效果。

战国时期《宴乐渔猎攻战纹铜壶》现存于故宫博物院，壶壁上雕刻有兵卒在水中游泳，游泳姿势与现代的自由泳基本接近。

《宴乐渔猎攻战纹铜壶》（故宫博物院藏）　　　《宴乐渔猎攻战纹铜壶》展开图

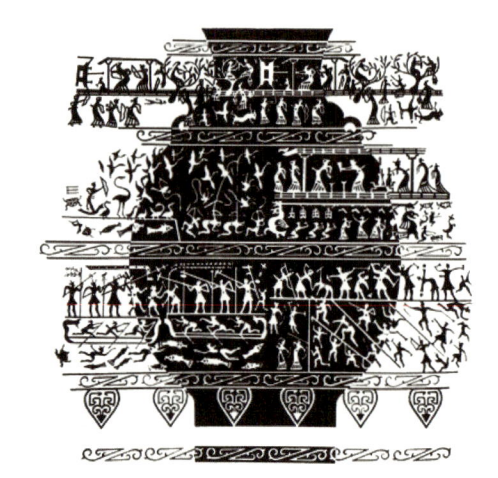

到了唐代，水军的训练进一步发展。军中善于游泳者其才能得到充分发挥。据《通典卷一百六十·兵十三》记载："以善游者系小绳，先浮渡水，次引大绹于两岸，立大橛，急定绹，使人挟绹浮渡，大军可为数十道；又用浮囊，以浑脱羊皮，吹气令满，系其孔，束于腋下，浮渡。"意思是部队遇河水时，先让水性好的士兵身系小绳过河，再牵引大绳过河，再以木桩稳定，使士兵扶着大绳过河。

唐赵璘《因话录》（卷六·羽部）载："洪州优胡曹赞者……，又善为水嬉，百尺樯上不解衣，投身而下，正坐水面，若在茵席。又于水上靸而浮。或令人以囊盛之，系其囊口，浮于江上，自解其系。至于回旋出没，变易千状，见者目骇神竦，莫能测之。"从中可见，唐代不仅有会跳水及水中解囊的高手，更是拥有"回旋出没，变易千状"的游泳技能。

宋朝同样注重训练水军。北宋初年，为平定南方朝廷大力提倡水上练兵，平定南方后，为不忘战事，每隔一段时间仍然进行军事练习。《宋史·礼记》记载：宋太宗"辛金明池习水战，御水殿，召近臣观之，谓宰相曰：'水战南方之事也，今其地已平定，不复施用，时习之，亦不忘战耳。'"

由于全国安定，宋朝逐渐将金明池训练水军的活动作为娱乐活动。"淳化三年，三月，（宋太宗）辛金明池，命为竞渡之战，掷银瓯于波间，令人泅水取之。"《至顺镇江志》卷二十一《赤马白鹞》："宋嘉定壬午，郡守赵善湘教浮水军五百人，以黄金沉之江中，使深得者辄予之。于是水艺极精，能潜行水底数里。

又置多桨船五百艘，无问风势逆顺，捷疾如飞。赤马、白鹞二大舟，可载二千人。舟之式大小凡六七种，遂依八阵为法，且以新意为阵。每一搜阅，艟舰参错，舳舻连贯。耀旌旗，轰鼓角，杂以浮水军，履波涛，为部伍，角伎奏乐，如步康庄。"描述了赵善湘训练水军时的情形。虽然描写有些许夸张，但从侧面反映出水军训练的成效。

《水浒传》插图（张顺水中擒敌明刊本）

　　元朝，训练水军的方法又有了新的改进，如《元世本记》中记有："元世祖欲出征日本，征募水手，由于江淮人皆能游泳而不录用，恐其逃逸而以囚徒为水手，以征日本。"说明江淮地区的老百姓大多熟悉水性，游泳技能高超。明清以后，对水军的选择也极其慎重，如记述中有："……水战非乡兵所惯，为沙民所宜，盖沙民生长海滨，习知水性，出入风涛如覆平地……"明代胡宗宪的《战略》中也有提到："水战非乡兵所惯，为沙民所宜，盖沙民生长海滨，习知水性，出入风涛如履平地。"

　　随着社会生产力的发展和人们游泳技术的不断提高，人们从开始的水中获取食物、军事训练和战争等目的，逐渐演变为水上娱乐活动。

　　宋史《礼志》中有："尔期惟仲夏节次端午，则大魁分曹，决胜河浒，饰画舸以争丽，建彩标而竞取……于溟渤掇弄以潜骇恒游泳而下逸……"是说竞渡时百舸争流，有人则游泳穿梭期间，动作很是惊险。

　　宋朝时的"水秋千"水上活动，在孟元老的《东京梦华录》（卷七）中有详细描述，宋徽宗赵佶前往金明池内的临水殿观龙船争标，"又有两画船，上立秋千，

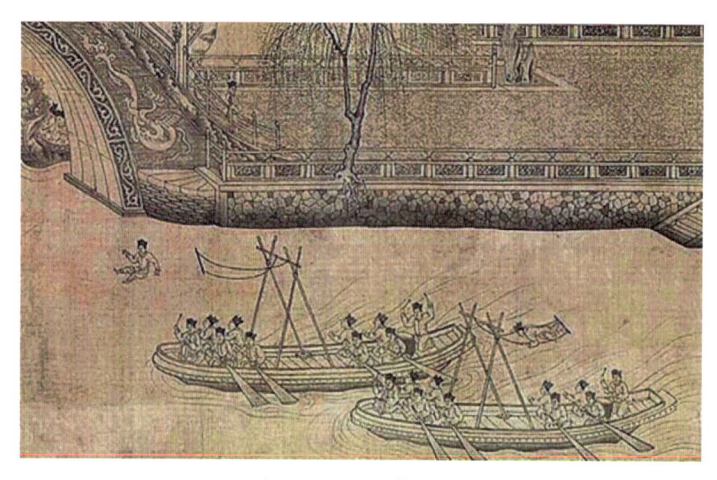

元　王振鹏《龙池竞渡图》中的"水秋千"

船尾百戏人上竿，左右军院虞侯监教鼓笛相和，又一人上蹴秋千，将架（荡）平，筋斗掷身入水，谓之水秋千。"

　　这种水秋千类似现在的跳水，但不是用跳板或跳台，而是用秋千板。人们将秋千固定在船上，表演者通过荡秋千之力将自己高高抛出，在空中做出各种精彩的空翻、旋转动作，最后入水。北宋王珪的《宫词》："内宫稀见水秋千，争擘珠帘帐殿前，第一锦标谁夺得，右军输却小龙船。"就描写了当时两队进行水秋千竞技，热闹非凡，引得宫人争相观看的情形。

　　我国古代有潜水捞珍珠的记载。古代王公贵族对珍珠的痴迷催生了潜水捞珍珠行业的发展。采珠人将石头绑在身上，随着石头下沉水底，寻找珍珠，所以，想要潜入水下就必须精通水性，并且能够掌握憋气及凫水的技巧，需要有极大的勇气。但是由于深水中作业非常危险，所以溺死者非常多。

　　《庄子·杂篇·列御寇》就记载了一个"探骊得珠"的故事。"河上有家贫恃纬萧而食者，其子没于渊，得千金之珠。其父谓其子曰：'取石来锻之！夫千金之珠，必在九重之渊而骊龙颔下，子能得珠者，必遭其睡也。使骊龙而寤，子尚奚微之有哉'！"采珠包括了民间和朝廷的组织行为，但二者目的不同，民间基本是生活生存需要，而朝廷则是为满足奢华需求，培训有专门的"采珠太监"，或者官方监督渔民采珠。在《晋书·卷五七·陶璜传》记载："合浦郡土地硗确，无有田农，百姓唯以采珠为业。"

　　明朝的《天工开物》亦有记载，"蜑户采珠，每岁必以三月时，牲杀祭海神，极其虔敬。蜑坐咏海腥，入水能视水色，知蛟龙之所在，则不敢侵犯……舟中以长绳系没人腰，携篮投水。凡没人以锡造弯环空管，其本缺处，对掩没人口鼻，令舒

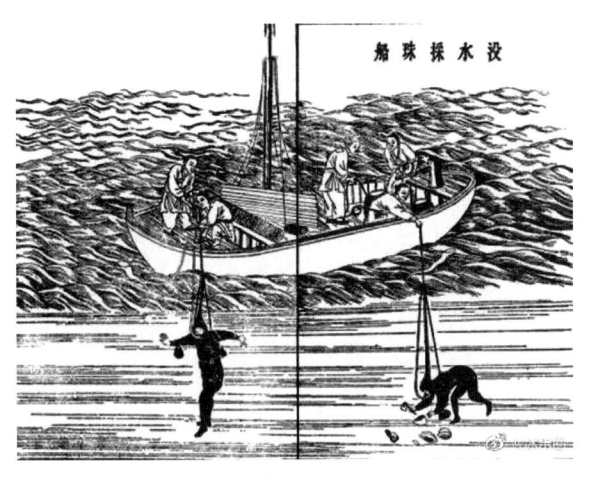

明 《天工开物》（没水保珠船）

透呼吸于中，别以熟皮包络耳项之际。极深者至四，五百尺，拾蚌篮中。气逼则撼绳，其上急提引上，无命者或葬鱼腹。"

除了珍珠外，水底其他的奇珍异宝同样受到统治者的青睐。其中"龙涎香"较著名。"龙出没于海上，吐出涎沫，有三品：一曰泛水，二曰渗沙，三曰鱼食。泛水，轻浮水面。善水者伺龙出没，随而取之。"

虽然采珠等深潜的水中作业具有巨大的危险性，但客观上促进了潜水技术水平的提高。

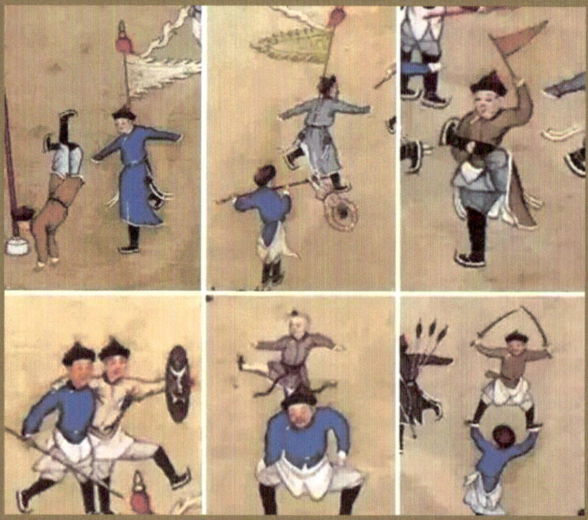

第六章 冰雪运动

冰雪活动在我国古代兴起的时间非常久远,盛行于明、清时期。冰嬉原是北方各地传统的冬季活动,明代较为流行的是冰床。满族在关外时即有冰嬉的习俗,并有擅长溜冰的军队。入主中原后,更是将冰嬉定为『国俗』。清代冰雪项目有冰球、花样滑冰、速滑等,也有高台滑冰和冰上蹴鞠等活动。

我国古代东北部少数民族的『骑木而行』就是滑雪。从隋唐至明清,『木马』『狗车』等滑雪器具在形制和尺寸上都在逐步改进,至清代,木马已和现代的滑雪板非常接近了。

在冬季,无论王公贵族还是平民百姓都有赏雪、玩雪的习俗。

一、冰嬉

冰嬉也称冰戏,是我国古代对冰上娱乐活动的泛称,其称由来已早,宋代就有了"冰嬉"的明确记载。据《宋史·礼志》记载,皇上"幸后苑观花,作冰嬉(戏)",可见滑冰自宋朝时期就已有雏形。明朝时期,"冰嬉"正式成为宫廷体育活动之一。发展到清朝,"冰嬉"运动已相当流行,融军事演练、娱乐和技艺于一体,形式多样。

清 金廷标 冰戏图

冰嬉在我国北方民间比较盛行。冰嬉是清代宫中流行的众多冰上活动的统称。清代,由东北到关内,从宫廷到民间,冰嬉大为盛行,到乾隆时期达到鼎盛。乾隆十年(1745年),乾隆写下《冰嬉赋》,全文约1300字,涉及冰嬉的历史、定位、用具、场景、项目等,是后世研究冰嬉的重要材料。

乾隆在《冰嬉赋》中更是以"顺时陈国俗,择地试雄观"的诗句将冰嬉定为"国俗"。

稽璜书写乾隆《御制冰嬉赋有序》

清 《冰嬉图》局部（故宫博物院藏）

清代于敏中在《日下旧闻考》卷二十一《国朝宫室》中说："（西苑太液池）冬月则陈冰嬉，习劳行赏，以简武事而修国俗。"当时冰嬉规模之大，参加人员之多，史无前例。据《清朝文献通考》卷一百七十五《乐考二十一》记载："每岁十月咨取八旗及前锋统领、护军统领等处，每旗照定数各挑选善走冰者二百名。内务府预备冰鞋、行头、弓箭、球架等项。至冬至后，驾幸瀛台等处，陈设冰嬉及较射天球等伎。分兵丁二翼，每翼头目二十名，服红黄马褂，余俱服红黄齐肩褂。射球兵丁一百六十名，幼童四十名俱服马褂，背小旗，按八旗各色依次走冰较射。"有学者从上述记述推算出应有1600人左右参加当时的冰嬉活动。冰嬉一般在太液池举行，冰嬉之时，"圣驾驭冰床临观焉"。民间冰嬉除了玩冰床、冰上弄球外，还有冰上滑操、花样溜冰和冰上杂戏（在冰面上表演舞龙、舞狮、跑旱船等）。

《冰嬉图》局部

作为清朝国俗的冰嬉活动，内容及形式非常丰富。

（一）抢等

在皇家举行的冰嬉活动中，第一个项目叫"抢等"，类似于现在的速度滑冰。清人吴振棫所撰《养吉斋丛录》卷十四记载："去上御之冰床二三里外，树大纛，众兵咸列，驾既御冰床，鸣一炮，树纛处亦鸣一炮应之，于是众兵驰而至御前，侍卫立冰上，'抢等'者驰近御坐，则牵而止之。至有先后，分头等二等，赏各有差。"皇帝高兴时还写诗抒兴，如清宣宗在观看冰嬉后作诗："爆竹如雷殷，池冰如砥平。"又云："坚冰太液境中边，翠辇行时竹爆喧。"

《冰嬉图》局部

（二）抢球

第二个项目是"抢球"。《养吉斋丛录》卷十四曰："抢球，即所谓冰上手球游戏。左右队，左衣红，右即衣黄，既成列，御前侍卫以一皮球猛踢之至中队，众兵争抢，得球者复掷，则复抢焉。有此已得球，而彼复杂之者，或坠冰上，复跃起数丈又遥接之。"此项目比赛激烈，对抗性强，颇似现代的冰球比赛。

（三）转龙射球

第三个项目是"转龙射球"，即在冰上进行的各式射箭活动。《养吉斋丛录》（卷十四）记载："走队时，按八旗之色，以一人执小旗前导，二人执弓矢随于后。凡执旗者一二百人，执弓矢者倍之，盘旋曲折行冰上，远望之蜿蜒如龙……其最后执旗者一幼童，若以为龙尾也。"

清朝冰嬉活动场面宏大，内容丰富，乾隆作赋云："珠球一掷，虎旅纷来。思摘月兮广寒之窟，齐趋星兮白榆之街。未拂地兮上起，忽从空兮下回。突神龙之变化……"出自《清六朝御制诗文集·高宗（乾隆）·乐善堂诗文全集·冰嬉赋》。乾隆曾经邀请皇太后一起临场观赛，也说明了对"冰嬉之制"的重视。

冰嬉活动中除了八旗兵士外，还有儿童，每一个动作都有着形象的名字，如大蝎子、金鸡独立、哪吒闹海、鹞子翻身、仙猴献桃、凤凰展翅、童子拜观音、擎海东青，双人花样滑的双飞燕，还有飞叉、耍刀、弄幡、爬竿、使棒、倒立、叠罗汉等。

《冰嬉图》局部

（四）花样滑冰

乾隆时，西藏地方政府的首席噶隆，曾于乾隆五十七年（1792年）来京。他的藏文名著《朵仁班智达传》中记载了当时北京清皇宫内举行的一次滑冰表演的情况。根据他记载的藏文翻译成汉文是这样的："皇上（乾隆）清早去观看跑冰。滑冰场位于白伞寺北面一大湖上。湖面冰平如镜。到了湖边，圣上改乘一辆大轿辇，由人力缓缓牵引。行至湖心，忽呼四面爆竹齐鸣。随着响声，但见身着彩服，头饰花冠的百多人飞一般地滑行到皇上跟前跪拜行礼。彼等各个腰挂弓箭，鞋底安有形似火镰的刃片。不远处悬挂着花束。他们在冰上时而像闪电瞬间即逝，时而如鱼嬉水，跃上潜下，同时拉满强弓瞄准高悬的花束依次射去。每当射中，花束中自然响起一串鞭炮声，令人惊叹不已。"这种场景，在乾隆初年张为邦和姚文翰合画的《紫光阁赐宴图》中有充分的展现。画面上呈现的花样滑冰动作有金鸡独立、哪吒闹海、双飞燕、千斤坠、大蝎子等，另外，还有丰富多彩的杂技表演。

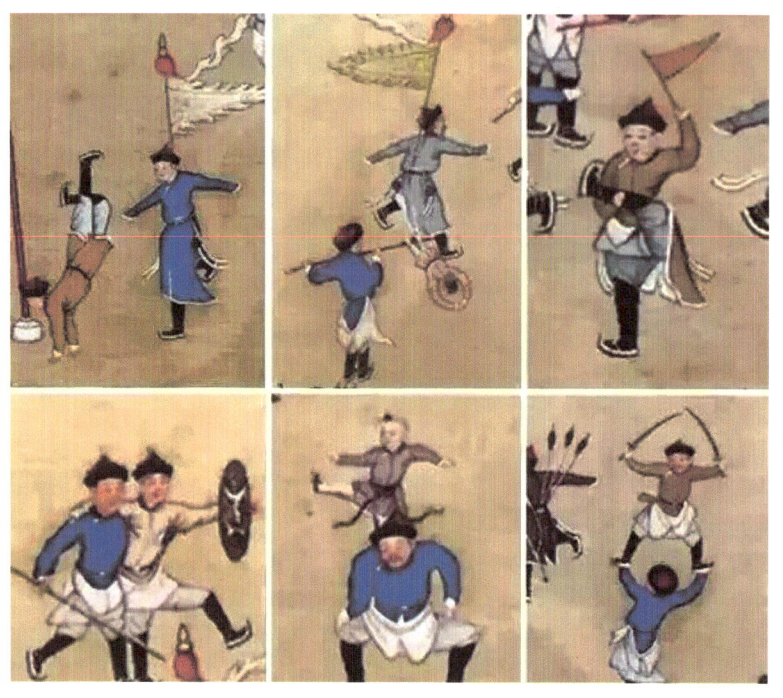

《冰嬉图》中的各类冰嬉动作

清　《紫光阁赐宴图》（故宫博物院藏）

乾隆时期校阅八旗滑冰有两种方式。一种类似现代的速度滑冰，即采用"官尚子"八式，包括初手式、小幌荡式、大幌荡式、扁弯子式、大弯子式、大外刃式、跑冰式、背手跑冰式八种姿势。乾隆十一年（1746年），乾隆在《太液冰嬉十二韵》诗中用"御风列应让，逐日夸无难。迅似岩飞电，温知犀辟寒。超群殊闪爚，作势更蹩珊"的诗句来形容滑冰的高速[1]。另一种称滑冰，是在滑冰的同时还要表演各种花样和杂技。这种滑冰形式又称"走冰"。潘荣陛在《帝京岁时纪胜》中"滑擦"条说："冰上滑擦者，所著之履皆有铁齿，流行冰上，如星驰电掣，争先夺标取胜，名曰溜冰。"可见"官尚子"八式是具有竞技性的活动。

---

[1] 林伯源.中国古代体育史［M］.台北：五洲出版社，1996：462.

（五）冰上蹴鞠、高台滑冰

冰上蹴鞠、高台滑冰也曾是当时冰嬉的项目。

据《帝京岁时纪胜》中"蹙鞠"条记载："金海冰上做蹴鞠之戏，每队数十人，各有统领，分位而立，以革为球，掷于空中，俟其将坠，群起而争之，以得者为胜。或此队之人将得，则彼队之人蹴之令远。欢腾驰逐，以便捷勇敢为能。将士用以习武。昔黄帝作蹴鞠之戏以练武，盖取遗意焉。"冰上蹴鞠就如同今天的冰球运动。东岩居士在《帝京岁时纪胜补笺》里指出："冰上蹴鞠，皇帝亦观之，盖尚武也。武备院备侍卫护军人员皆必尽此，文人无习此者。"可见冰上蹴鞠活动也被作为军事体能训练的一个内容。"什刹海、护城河冰上蹴鞠，则借民人练习者。"显示活动在民间也有较大发展。《燕京岁时记》载："踢球，十月以后，寒贱之子，琢石为球，以足蹴之，前后交击为胜。盖京师多寒，足指疼冻，儿童踢弄之，足以活血御寒，亦蹙鞠之类也。"而一般百姓入冬也进行一种石球运动，用脚踢，石球前后撞击者为胜。

高台滑冰，当时也称"打滑挞"。《清稗类钞·技勇类》"旗兵打滑挞"条载："先汲水浇地使冰，遂成冰山，高三四丈，莹滑无比。乃使勇健兵著带毛猪皮履，其滑更甚，自其巅挺立而下，以到地不仆者为胜。"

清 《冰嬉图》局部

二、冰床和溜冰鞋

北宋沈括的《梦溪笔谈》记载:"冬月作小坐床,冰上拽之,谓之凌床。"凌,就是冰,凌床又称冰床、拖床、拕床、冰排子、冰爬犁等,其形制大小不一。据宋代江休复的《江邻几杂志》记载:"雄、霸沿边塘泊,冬月载蒲苇,悉用凌床,官员亦乘之。"说的是河北雄县、霸县一带冬季运输芦苇的工具。至于从"凌床"变为"冰床"可能跟"凌"音同"灵"不吉利有关。《过夏杂录》卷六"冰床"中说:"北人呼冰为凌,凌音同灵……今直呼冰床是也。"明人刘若愚在《酌中志》中写道:"至冬冰冻,可拖床,以木板上加交床或藁荐,一人前引绳,可拉二三人,行冰如飞。"交床,就是交椅;藁荐,就是草席。可见拖床最初是由木板和交椅或草席做成,后来逐渐演变成现在的冰床。

明代皇帝也热衷冰床运动。明朝《天启宫词》记载:"西苑池冰既坚,以红板作拖床,四面低阑亦红色,窄仅容一人,上坐其中。"

清代陈维崧编著的文集中说:"京师腊月河冰结时,水面多设冰床,往来络绎,以供行客。其捷如飞,较之坐骑乘车,远胜多矣。"

《御制雪中坐冰床即景卷》局部

《燕京岁时记》记载了拖床和溜冰鞋等冰上活动。其对拖床的描述:"冬至以后,水泽腹坚,则什刹海、护城河、二闸等处皆有冰床。一人拖之,其行甚速。长约五尺,宽约三尺,以木为之,脚有铁条,可坐三四人。雪晴日暖之际,如行玉壶中，亦快事也。至立春以后，则不可乘，乘则甚危，有陷入冰窟者，而拖者逃矣。近日王公大臣之有恩命者，亦准于西苑门内乘坐拖床，床甚华美，上有宀如车篷，可避风雪。""按，《倚晴阁杂抄》：'明时积水潭，常有好事者联十余床，携都蓝酒具，铺毹毹其上，轰饮冰凌中以为乐。诚豪侠之快事也。'"

清　徐扬《日月合璧五星联珠图》局部

另外，冰鞋是冰上运动的必备装备之一，《燕京岁时记》中对冰鞋的描述："冰鞋以铁为之，中有单条缚于鞋上，身起则行，不能暂止。技之巧者，如蜻蜓点水，紫燕穿波，殊可观也。""谨按，《日下旧闻考》：'太液池冬月陈冰嬉，习劳行赏，以简武事而修国俗云。'"

清代溜冰鞋

《帝京岁时纪胜·十一月》一节中描述了冰床、滑擦以及冰上蹴鞠等内容："太液池之五龙亭前，中海之水云榭前，寒冬冰冻，以木作床，下镶钢条，一人在前引绳，可坐三四人，行冰如飞，名曰拖床。积雪残云，景更如画。冰上滑擦者，所著之履皆有铁齿，流行冰上，如星驰电掣，争先夺标取胜，名曰溜冰。都人于各城外护城河下，群聚滑擦，往还亦以拖床代渡。更将拖床结连一处，治酌陈肴于上，欢饮高歌，两三人牵引，便捷如飞，较之坐骧乘车，远胜多矣。"很明显，这里的"冰床"也就是满族人在冬天所用"爬犁"的延续和改进。爬犁又称爬杆、雪橇、冰拖、拖床等。清阮葵生《茶余客话》卷十三中载："法喇，似车无轮，似榻无足。覆席如毡，引绳如御。利行冰雪中，俗呼爬犁。以其底平似犁，盖土人为汉语耳。"详细地描述了爬犁的形状、构造、使用及名称由来等。

清 《十二月令图》局部

三、滑雪

"2005年,一幅阿尔泰山古阿勒泰人脚踏滑雪板、手持单杆滑雪狩猎的岩画在阿勒泰市汗德尕特乡墩德布拉克被发现,这次发现对阿勒泰古滑雪文化的研究有着决定性的作用。岩画上,一排7个人,其中有4个人尾随牛马等动物,3个人弯腰撅臀,手里拿着一根棍子,专家学者们称它为单杆,像是做着滑雪动作,脚下踩着一个长条形物件,便是滑雪板。很多专家学者从考古、草原文化和岩画角度,将墩德布拉克滑雪狩猎岩画与法国、西班牙的岩画进行比较后推断出,其年代属于旧石器时代晚期,距今约1.2万年或更早,也就是说早在1.2万年前,阿尔泰山居民就发明了滑雪板。"[1]

2015年,来自挪威、瑞典、芬兰等18个国家的30余位滑雪历史研究专家,联合发表了《阿勒泰宣言》,认同中国新疆阿勒泰是世界上最古老的滑雪地域,人类滑雪起源地[2]。

新疆阿泰勒滑雪岩画

《史记·夏本纪》记载:"(大禹)陆行乘车,水行乘船,泥行乘橇,山行乘檋。"檋,上山穿的钉鞋;也说上山坐的滑竿一类的乘具。橇,根据《史记正义》解释,"橇形状如船而短小,两头略微翘起,人曲一脚,在泥上行进。"后人在此基础上进行改进并创新,形成了雪橇。

---

[1] 傅潇雯,陈万泉.古老滑雪文化发源地阿勒泰滑雪产业发展[N].中国体育报,2017-09-25.
[2] https://baijiahao.baidu.com/(新华连载丨人类现存最古老的雪猎岩画——新疆阿勒泰岩画)。

《隋书·列传·卷四十九》记述："（室韦人居住地）气候最寒，雪深没马。冬则入山，居土穴中，牛畜多冻死。饶獐鹿，射猎为务，食肉衣皮。""地多积雪……骑木而行。俗皆捕貂为业。"室韦人为蒙古各部的前身。"骑木而行"正说明室韦人早已掌握滑雪的技能。这种雪上木马分为两种，一种可以在雪地上滑行，叫"踏板"，后来发展为滑雪板；另一种可以在冰上滑行，又叫"乌拉划子"，后来发展为滑冰鞋。

阿勒泰地区的皮毛雪橇

唐朝《通典》记载："拔悉弥国……其人雄健，能射猎。国多雪，恒以木为马，雪上逐鹿。其状似楯而头高，其下以马皮顺毛衣之，令毛着雪而滑，如着屩屐，缚之足下。屩，先叶反。屐，巨戟反。若下阪，走过奔鹿；若平地履雪，即以杖刺地而走，如船焉；上阪，即手持之而登。"生活在新疆地区的拔悉弥族人会穿着滑雪板在雪原上追逐猎物。"以木为马，雪上逐鹿"，木马即滑雪板，长形或长椭圆形，前端翘起，用马皮顺毛向后包于雪板的底面，用绳或带子缚于脚下。宋末元初学者马端临的《文献通考》中也提到，拔悉弥人"恒以木为马，雪上逐鹿"。

《元史·地理志·卷十六》记载吉利吉思部："庐帐而居，随水草畜牧，颇知田作，遇雪则跨木马逐猎……冬月亦乘木马出猎。"木马即是滑雪板，可见滑雪是蒙古人冬日狩猎必须掌握的技能。

《钦定满洲源流考》卷二十记载："开元路有狗车、木马，轻捷利便。木马形如弹弓，长四尺，阔五寸，一左一右系于两足，激而行之雪中冰上，可及奔马。狗车以木为之。其制轻简。形如船。长一丈。阔二尺许。以数狗拽之。二者止可于冰上雪中行之。"很明显，此时的"木马"与今

清 傅恒等《皇清职贡图》局部

天的双滑雪板基本一致了,而"狗车"即狗拉雪橇[1]。

在寒冰酷雪的挑战面前,勤劳勇敢的先民,创造性地发明了滑雪板、雪橇、冰鞋等乘冰破雪的工具,并发展出了冰雪中狩猎的高超技术,《职贡图》描绘了猎人们脚踩滑雪板猎杀野猪的情景[2]。

《职贡图》

明 孙克弘《赏雪图》

赏雪玩雪。赏雪玩雪是古人在隆冬雪天亲近大自然,在雪天进行的体育休闲活动,诸如打雪仗、堆雪人、对狮子和踏雪等,也是人们接近瑞雪灵光的祈愿。

---

[1] 在古代,冰雪项目这么玩(https://www.sohu.com/a/521972366_121124735)。
[2] 清乾隆时期描绘海外诸国及国内各民族的画册。

北宋《东京梦华录》记载："富贵之家，遇雪即开筵。"即每年大雪纷飞时，都城的富户就会宴请亲友，大家会堆雪狮玩儿。宋代著作《八声甘州》中最早记录了当年雪地的场景："甚花间、儿女笑盈盈，人添雪狮成。"意思就是儿女都在雪地里堆"雪狮"。南宋《武林旧事》中还出现了宫廷戏雪的内容："禁中赏雪，后苑进大小雪狮儿，并以金铃彩缕为饰，且作雪花、雪灯、雪山之类……以供赏玩。"描写了形态各异的雪狮是人造景观的主角，宫人们会将"彩索金铃"装点在雪狮子上。

乾隆年间，宫人不仅堆雪狮子，还附带着堆雪象。嘉庆年间，还增加了雪马。在民间堆雪人、堆狮子也非常流行。

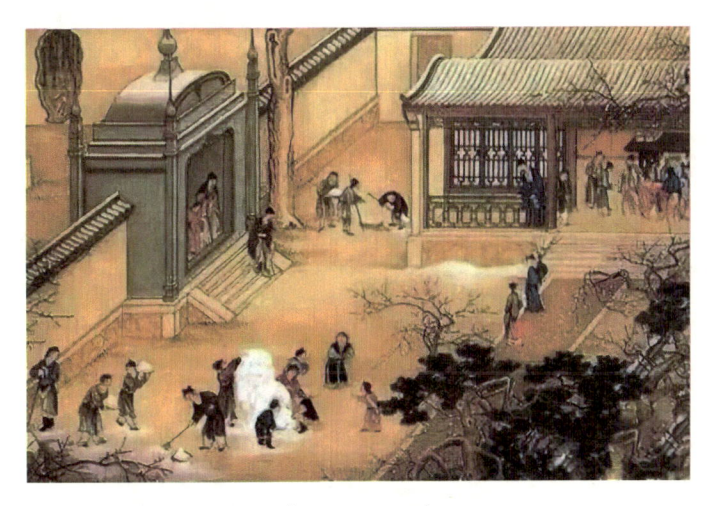

清 《十二月令图》局部

天津杨柳青木版年画《瑞雪丰年》（清代版）

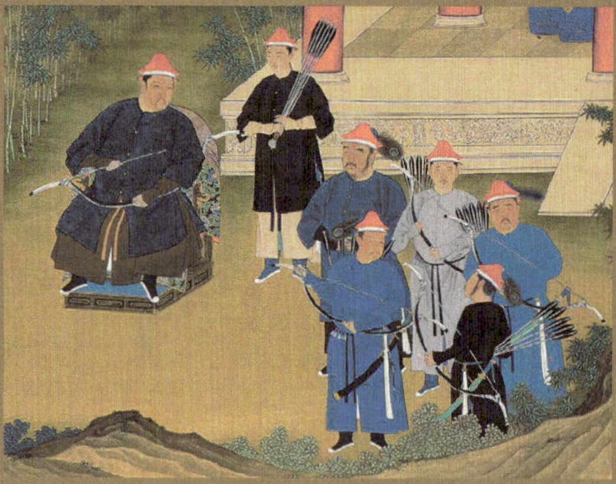

第七章 射艺与马术

射艺是我国古代一项重要的体育运动形式，是古代「六艺」——「礼」「乐」「射」「御」「书」「数」中的「射」。考古发现，2.8万年前的旧石器时代，我国就有了使用石镞、弓矢的先例。弓箭经历了漫长的发展，箭镞为青铜所替代，早期射箭的目的主要是获取生存、生活资料。随着社会生产力的发展，在生产生活中的作用相对增强，在军事、祭祀、外交和娱乐方面被广泛应用，部分活动还被赋予礼仪色彩，以礼治教化为主要目的。汉唐时期，射箭被作为主要的军事训练内容。宋元时期，射艺的竞赛和娱乐性逐渐加强，宋代民间首次出现射箭的体育组织弓箭社、射弓踏弩社等。明清时期进一步提倡射艺，尤其清代，以骑射立国。

骑马技艺的马术多与骑射、马球、杂技等体育活动紧密结合，「胡服骑射」实现了「御车」到「御马」的转变，汉代马术是「百戏」表演的重要内容，唐宋高度重视骑射技艺，「舞马」运动极具观赏性。明清时期，马术运动是军队训练的重要内容，民间马术也相对繁荣。清代继承了历代马戏表演的传统，并一定程度受西方马术的影响，逐步由表演向竞技方向发展。

一、射艺

射艺即射箭技艺，在人类社会早期，它是作为获取生活资料的手段而产生，继而发展为军事训练和战争的手段，兼具锻炼身体的作用，带有明显的体育特征。西周时期推崇的的六艺，其中之一即是"射"，不仅要求掌握射箭技巧，还非常强调相关的礼仪和道德修养。《礼记·射义》载："故射者，进退周还必中礼，内志正，外体直，然后持弓矢审固。持弓矢审固，然后可以言中。"射艺包含了对射者品德、心境和意念历练的哲学内蕴。

在我国的山西峙峪旧时期时代文化遗址中发现了石镞，因此，弓箭的使用至少追溯到旧石器时代。蜀人谯周《古史考》说："木名柘树，枝长而乌集，将飞，枝弹乌，乌乃号飞，后故以柘树为弓，名曰乌号。"应劭《风俗通义·封泰山禅梁父》亦云："柘桑之林，枝条畅茂，乌登其上，下垂着地，乌适飞去，后以被杀，取以为弓，因名乌号耳。"由此可以看出，古人是从自然现象中，发现柘树枝条具有弹性而制造了弓，并由此开始了使用弓箭的漫长历程[1]。

在弓箭的发展历程中，石器时代的射箭活动主要是作为人们获取生活资料的手段而盛行的，凸显出弓箭在上古人类生活中的重要地位与作用。奴隶社会则主要以礼治教化为目的。弓箭第一次被运用到战争当中，相传是著名的黄帝大战蚩尤，纯用弓矢以制胜，由此开启了中华民族五千年的弓箭文化传承。

石器时代　石镞

---

[1] 天津博物馆.动静中华古代体育文物展[M].北京：文物出版社，2017：5.

第七章　射艺与马术

箭也称矢，其飞行状态以及命中目标的精度是射箭技术的综合表现。古"矢"字就包括了箭头、箭杆、箭羽和箭尾等元素。箭簇即箭头。石器时代，箭簇由石头打磨而成。下图是古代甲骨文"矢"字的写法。

"矢"字　甲骨文

青铜箭镞盛行于春秋战国和秦汉时期，主要样式有双翼形、三棱形、四棱形、双翼双尾形等，根据考古发现，战国末期发现的青铜箭镞有十几种。

战国至清箭镞（天津博物馆藏）

《说文》曰："弓，穹也，以近穷远也。"作为射远兵器，弓箭素有"百步之威"的美称。古代常把弓箭列为军器之首。特别是自赵武灵王胡服骑射改变了军事装备，也改变了军事战术，以骑兵战术代替了车战战术之后，"万乘之国"变为"万骑之国"，骑兵成为军中的主要兵种，于是骑射便成为军中的重要技能。

早在周朝（前1046—前256年），周王官学便要求学生掌握六种基本技能：礼、乐、射、御、书、数。《周礼·地官司徒·保氏》曰："养国子以道。乃教之六艺：一曰五礼，二曰六乐，三曰五射，四曰五御，五曰六书，六曰九数。"军事射箭技术五射：白矢、参连、剡注、襄尺、井仪。白矢，箭穿靶子而箭头发白，

155

表明发矢准确而有力。参连,前放一矢,后三矢连续而去,矢矢相属,若连珠之相衔。剡注,谓矢行之疾。襄尺,臣与君射,臣与君并立,让君一尺而退。井仪,四矢连贯,皆正中目标。从中可以看出,内容不同,要求也不一样,如襄尺、井仪的射法,反映出贵族在教授射箭知识的同时,是与礼教相配合的。孔子所倡导的儒学也大力推崇"六艺",自然就包含了射箭技艺。孔子在《论语》中说:"君子无所争,必也射乎,揖躟而升,下而饮,其争也君子。"西周时期,统治者把射箭比赛作为仪礼活动和教育的手段,将射箭技艺程式化,即"射礼"。射礼按等级分为大射、宾射、燕射、乡射。其中乡射常与乡饮酒礼同时进行,兼有竞技、娱乐、社交等多重功能。

柞伯簋,产于西周(前1046—前771年),口径为17厘米,通高为16.5厘米,底座直径为13.4厘米,1993年河南省平顶山市应国墓地出土。簋上有铭文:"隹(惟)八月辰才(在)庚申,王大射才(在)周。王令(命)南宫率王多士,师酉父率小臣。王迟(遗)赤金十反(钣)。王曰:'小子、小臣,敬又(有)贤隻(获)则取。'柞白(伯)十禹(称)弓舞(无)瀍(废)矢。王则畀柞(白)伯赤金十反(钣),诞易(赐)枳见。柞(白)伯用乍(作)周公宝尊彝。"

西周 柞伯簋(河南博物院藏)

柞伯簋铭文的大概意思:周王在镐京举行大射典礼活动,周王令南宫率领各位卿大夫士(王多士),又命令师免父率领(小臣)仆人。周王拿出十块金饼,对柞伯说:"小臣已准备好扳指,你如能射中,就取走金饼。"柞伯十发十中,无一脱靶,周王便把奖品给了他,另外又赏赐给他一套乐器。柞伯因此铸器祭祀其父周公,以示纪念。

西周 柞伯簋铭文（河南博物院藏）

柞伯簋的铭文共8行74字，记录了周昭王（前995—前977年）在周都举行大射礼的过程，同时也反映了西周时期的贵胄教育制度。

1954年，陕西长安县普渡村出土长由盉，有"穆王飨醴，即邢伯太祝射"句，即周穆王先飨后，再与邢伯、太祝进行射醴。可见射箭这项体育活动由来已久。

长由盉（陕西博物院藏）

长由盉的铭文中"唯三月初吉丁亥,穆王在下减居,穆王飨醴,即邢伯太祝射",是说某年三月的一天,穆王在下减举行燕礼,又跟邢伯、太祝举行射礼,证实了《礼记·射义》关于在举行射礼之前,必先举行燕礼的记载是可靠的。《射义》载:"古者,诸侯之射也,必先行燕礼射大夫之射也,必先行乡饮酒之礼。故燕礼者,所以明君臣之义也;乡饮酒之礼者,所以明长幼之序也。"《射义》的记载和长由盉铭文恰相吻合。

长由盉铭文

春秋战国时期,诸侯国之间的战争越来越激烈、残酷,统治者更加重视射箭技艺和人才的培养。《韩非子·内储说》载:"李悝为魏文侯上地之守,而欲人之善射也,乃下令曰:'人之有狐疑之讼者,令之射的,中之者胜,不中者负。'令下而人皆疾习射,日夜不休。及与秦人战,大败之,以人之善战射也。"显示了魏国相国李悝为了使国人掌握和提高习射本领,也是费尽了心思,诉讼的胜负,凭借射箭判胜负!

在战国时期,由于射艺的普及和提高,出现了一些著名的射手。《左传·宣工四年》记载:"秋七月戊戌,楚子与若敖氏战于皋浒。伯棼射王,汏辀,及鼓跗,着于丁宁。又射汏辀,以贯笠毂。师惧,退。王使巡师曰:'吾先君文王克息,获三矢焉。伯棼窃其二,尽于是矣。'鼓而进之,遂灭若敖氏。"可见伯芬射艺高超。战国时期有了一个名闻天下的射箭高手养由基,《战国策·周策》记录:"楚有养由基者,善射,去柳叶者百步而射之,百发百中。"养由基参加鄢陵之战,射杀晋军将领吕锜，从而迫使晋军败退。楚国国君因此厚赏了养由基。

春秋战国的一些青铜器图案，有的以人事活动内容为题材，在构图风格上，具有复杂活泼的特点。人事活动图案的不少内容，既是贵族礼仪的再现，也从侧面反映了当时的一些体育活动。

以故宫博物院珍藏的战国宴乐渔猎攻战纹铜壶为例。壶侈口，斜肩，鼓腹，矮圈足，肩上有二兽首衔环耳。花纹从口至圈足分段分区布置。以双铺首环耳为中心，前后中线为界，被五条斜角云纹带划分为四区，其中第一区中的竞射图和第二区中的弋射图都是生动的体育运动图。

战国　宴乐渔猎攻战纹铜壶（故宫博物院藏）

竞射图表现的是两人正在持弓射"侯"。"侯"即箭靶，用兽皮或布做成。《周庆·天官·司装》："王大射，则共虎侯、熊侯、豹侯，设其鹄。"箭靶中心称"鹄"。一个技者箭已射出，另一竞技者则引弓待发。有的箭已射在侯上。靶前面的跪坐人是为"获者"（报靶员），两人后面还有一位持弓站立者，图下方有几人持弓挟矢，似在准备竞射。这种竞射内容，应为古代的"射礼"。

壶的第二区右侧为射猎纹图案。狩猎在古代也是一种军事体育，这种军事体育就是文献记载的"大蒐礼"的军事演习。古书记载晋交公重耳与强楚在城濮之战前，曾不断进行以狩猎为内容的军事体育运动，与楚国"一战而霸"。壶的图案所表现的是，天空飞鸟成群，水中有鱼龟，四人正在以绳子系在箭上的弋射方法仰射飞鸟，有的飞鸟已中箭落地，如《诗经》所云"将翱将翔，弋凫与雁。"情景惟妙惟肖。弋射也称"矰射""缴射"，"缴"为拴在箭上的细绳，"矰"为带有细绳的短箭，"弋"为用绳系在箭上进行放射[1]。

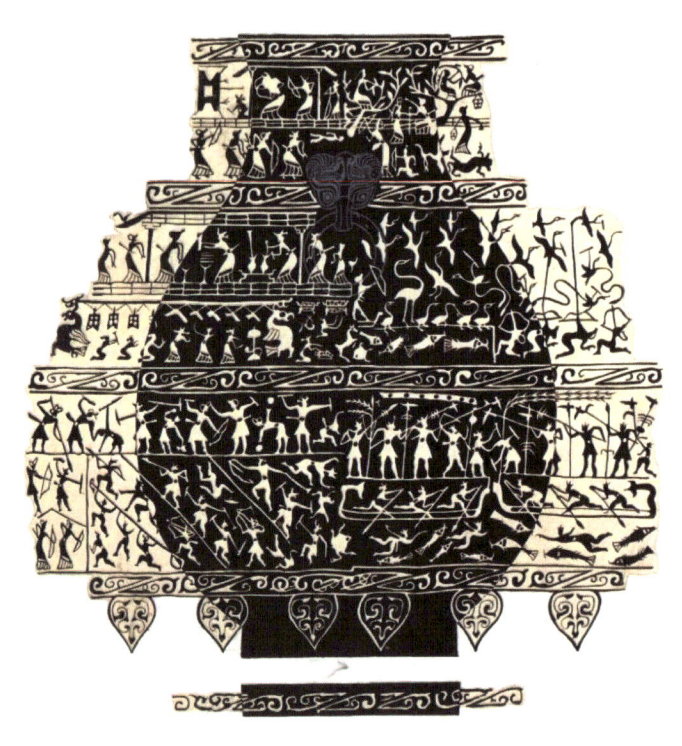

战国　宴乐渔猎攻战纹铜壶展示图

秦始皇统一了中国，建立了秦朝，中国进入了封建社会。社会形态的变化带来了社会的进一步发展，射箭形式也日益丰富，弓射、弋射、弩射等多种形式的射箭出现在兵马俑墓葬中。

立射俑出土于陕西省西安市临潼区秦始皇陵秦兵马俑二号坑，高184厘米。兵俑头绾圆髻，身着长襦、短裤、护腿、短靴。左脚向左前方跨出半步，身体侧转于左前方。左臂斜伸于左前方，左手伸掌，右臂架于胸前，右手呈拉弓状，双手残留有粉红色颜料。

---

[1] 陈安槐，陈萌生. 体育大辞典［M］. 上海：上海辞书出版社，2000：886.

秦　立射俑（秦始皇帝陵博物院藏）

汉代的射箭技艺在实战应用和理论总结方面都得到了进一步的发展。仅《汉书·艺文志》记载的射法，就有六部三十篇之多，有"逢门（即逢蒙，师古注）射法二篇""阴通成射法十一篇""李将军（李广，师古注）三篇""强弩将军王围射法五卷""望远连弩射法具十五篇"[1]等，是兵书中描述最多的技术，说明了汉代社会对射箭技术的重视和射箭活动的广泛开展。通过对汉代画像石图像的调查考证，与射箭运动有关的内容主要有狩猎图、战争图、习射图和出行图等。

在汉代画像石中有相当多的内容是描写胡汉战争的场面，其中有大量的运用弓射、弩箭的画面。如画像石《胡汉战争图》的画面中，小桥的左侧，两名胡兵引弓欲射，其中一为站姿，二为蹲姿。反映了汉代的战争情景，弓箭在战争中得以广泛应用。

---

[1] 班固.汉书[M].北京：中华书局，2012：1556.

汉　画像石《胡汉战争图》（山东嘉祥出土）

由于战争的需要，弓箭被大量使用，汉代射艺进一步提升。同时，射箭活动也出现在人们生活的诸多方面，如体育休闲、社交活动、教化育人、军事训练等。

那首广为流传的唐诗《塞下曲》："林暗草惊风，将军夜引弓。平明寻白羽，没在石棱中。"即是对前汉将军李广射箭高超技艺的写照。《西京杂记》卷五《金石感偏》对此也有详细的记载："李广与兄弟共猎于冥山之北，见卧虎焉。射之，一矢即毙断其髑髅以为枕，示服猛也。铸铜象其形为溲器，示厌辱之也。他日复猎于冥山之阳，又见卧虎，射之，没矢饮羽，进而视之，乃石也，其形类虎。退而更射，镞破簳折而石不伤。余尝以问杨子云，子云曰：'至诚则金石为开。'"

元　赵雍《李广射石图》

由于汉代十分重视远程兵器的使用，弩成为最好的兵器选择，《汉书·晁错传》记："劲弩长戟，射疏及远，则匈奴之弓弗能格也。坚甲利刃，长短相杂，游弩往来，什伍具前，则匈奴之兵弗能当也。"[1]足以证明射箭技艺在当时军事战争中的重要地位，也说明了弩射的力量和作用。出土于陕西省绥德县白家山汉墓的画像石《胡汉战争图》，用平面减地阳刻加彩绘的方法，生动地再现了战争的景象：人仰马翻的厮杀中，有中箭伏于马背逃命者，有尸首分离抛于荒原者，有挑敌首欢呼者。尤其是画面的左侧，一骑纵马驰骋，引弓搭箭。另有两步卒依靠地形挽弓射敌，阻击敌人。

---

[1] 班固.汉书[M].中华书局，2012：1990.

画像石《胡汉战争图》（陕西绥德出土）

汉代文献中有许多关于军队射艺训练的记载。其中《汉官六种》对军人练习射艺的描述是："民年二十三为正，一岁为卫士，一岁为材官骑士，习射御骑驰战阵。"《后汉书·窦融列传》中有"修兵马，习战射"的记载。《骑射图》刻画了在众马匹的疾驰追逐中，两骑士兵在马上转身引弓欲射的情形，两人皆把弓拉至最大限度。在疾驰狂奔的马上尚能做出回马射箭的动作，充分显示了汉代骑兵高超的骑射技艺。

画像石《骑射图》（安徽出土）

射猎是汉代狩猎中常用的方法。一方面通过狩猎检验射艺水平，提升射艺实战能力。另一方面，射艺在汉朝也是王公贵族进行娱乐和休闲活动的一种重要方式。因此，射艺在狩猎活动中具有娱乐和教化训练的双重功能。《西京杂记》（卷四）记有："茂陵文固阳，本琅琊人。善驯野雉为媒，用以射雉。每以三春之月，为茅障以自翳，用觟矢以射之，日连百数。茂陵轻薄者化之皆以杂宝错厕翳障，以青州芦苇为弩矢，轻骑妖服追随于道路，以为欢娱也。阳死，其子亦善其事。董司马好之，以为上客。"说明民间射箭的普及和水平的高超。

弋射是将箭用绳相连，主要用于射鸟的一种射箭方式。弋射现已失传，但战国至秦汉时期却很流行。《吕氏春秋》记有"善弋者，下鸟乎百仞之上，弓良也。"《史记·楚世家第十》载："若王之于弋诚好而不厌，则出宝弓，碆新缴，射嚻鸟于东海。"弋射原是一种射猎的手段，后来和围猎骑射一样成为统治阶级的消遣娱乐方式。射有两种情况，一种是绳线和磻石相连，另一种是绳线和弓相连。由于连接方式不同，射箭的姿势也不同。画像石《弋射图》中采用的是便于移动的立姿[1]，一人举弓射鸟，明显可见箭矢与一长绳相连。

画像石《弋射图》（河南南阳出土）

汉代把弓弩列为"五兵"之首。《后汉书·百官志第五》记载"亭有亭长，以禁盗贼。"注中引《汉官仪》曰："亭长皆习，设备五兵：弓弩、戟、楯、刀剑、甲铠。鼓吏赤帻行縢，带剑佩刀，持楯披甲，设矛戟，习射。"

在汉代，下级官吏及民众都要接受射箭训练，并有专门掌管习射的"仆射"。"古重习武，有主射以督录之，故曰仆射。"[2]东汉学者卫宏《汉官旧仪》记载："民年二十三为正，一岁而以为卫士，一岁为材官骑士，习射御骑驰战阵。八月，太守、都尉、令、长、相、丞、尉会都试，课殿最。"[3]也就是男子满二十三岁就要入伍当兵服役，在本郡、国内服役一年；在本郡、国之外的地方服役一年，或者守卫京师，或者屯扎边境。而在服役期间，学习射御、骑驰、战阵等作战技能。每年八月，本郡国诸位官员考核军卒们的训练成果，排定名次。在画像砖《习射图》的画面中，二人阔袖长袍，显然是官吏在练习射箭。[4]

---

[1]刘朴.汉代画像石中的体育活动研究[M].北京：人民出版社，2009：53.

[2]章惠康.后汉书文白对照（后汉书志二十五.百官二）[M].北京：华夏出版社，2012：1893.

[3]主要记述皇帝起居、官制、名号职掌、中宫及太子制度、二十等爵等内容，是研究汉史的重要资料之一。

[4]于兆杰.于无声处——汉代画像石中的体育娱乐活动[M].北京：中国纺织出版社，2023：28-33.

汉　画像砖《习射图》（四川德阳出土）

隋唐两代的帝王都对射艺的训练很重视，这与北方突厥等族的侵扰有很大关系。《隋书》记有："上（隋文帝杨坚）素服御射殿，诏百僚射。"《旧唐书·太宗本纪》记载："丁未，引诸卫骑兵统将等习射于显德殿庭，谓将军已下曰：'自古突厥与中国更有盛衰。若轩辕善用五兵，即能北逐獯鬻；周宣驱驰方、召，亦能制胜太原。至汉、晋之君，逮于隋代，不使兵士素习干戈，突厥来侵，莫能抗御，致遗中国生民涂炭于寇手。我今不使汝等穿池筑苑，造诸淫费，农民恣令逸乐，兵士唯习弓马，庶使汝斗战，亦望汝前无横敌。'于是每日引数百人于殿前教射，帝亲自临试，射中者随赏弓刀、布帛。"显示隋唐对于射箭训练的重视。

《新唐书·选举制》记载："长安二年，始置武举。其制，有长垛、马射、步射、平射、筒射，又有马枪、翘关、负重、身材之选。"从中可以看出，武则天时期，唐代武举选拔人才，在九个项目中有五项都是射箭的内容，此举无疑会对射箭技术的发展产生极大的推进作用，也反映出射箭运动在当时具有重要的社会地位和社会价值。

大唐帝王将相是出了名的马背上的王者，唐高祖李渊首创大唐轻骑兵令突厥丧胆，唐太宗李世民是轻骑兵将领，射艺精湛。名将薛仁贵三箭定天山，震慑回纥大军，护得边境安宁。皇家猎场更是一个能才猛将辈出的"军校"。

贞观五年（631年），李世民行猎长安西南郊昆明池，就有友邦首领随行。李世民还和高昌王麹文泰畅谈了人生三大乐事。《唐会要》记载："贞观五年正月十三日，大狩于昆明池，蕃夷君长咸从。上谓高昌王麹文泰曰：'第一乐，国家安定，人民富足；第二乐，以礼狩猎，弓不虚发，箭不妄中；第三乐，世界大同，万方咸庆。'"李世民纵马天下,却不分华夷,视四海如一家,也难怪周边少数民族都心悦诚服,尊称他为"天可汗"。

从各类文献和狩猎主题的文物中可看到,唐代狩猎不限于火攻、网捕、索套等方式,且以骑马射猎为主。

唐三彩绞釉《骑马射猎俑》之陶俑骑于马上,腰配长剑,身体倾斜,仰望太空,双手做开弓射箭状。

唐三彩绞釉《骑马射猎俑》(懿德太子墓出土)

在何家村窖藏出土的鎏金仕女狩猎纹八瓣银杯、狩猎纹高足银杯,西安博物院藏仕女狩猎纹八瓣单柄银杯,杯身錾刻男子骑射画面。唐代高足银杯在国家博物馆、广东省博物馆等均有收藏、目前已知数量有30多件,杯面腹壁正中位置都饰有骑猎纹样。

唐代大量史料在描述著名将领的事迹时,几乎都有"善射""善

唐 狩猎纹高足银杯(国家博物馆藏)

骑射"的描述。如《旧唐书》中记载的:"郭知运……壮勇善射,颇有胆略。初为秦州三度府果毅,以战功累除……兼伊吾军使。""王君……骁挠勇善骑射,以战功累除右卫副率。""李晟……性雄烈,有才,善骑射……时河西节度使王忠嗣击吐蕃,有骁将乘城拒斗,颇伤士卒,忠嗣募军中能射者射之。晟引弓一发而毙,三军皆大呼,忠嗣厚赏之,因抚其背曰:此万人敌也。"可见,在唐代具有高超射箭技艺的人会受到国家的重用,且备受尊崇。

宋代虽然军政软弱,但军事技术却有突飞猛进的发展。面对北方少数民族的骑兵冲突,宋军最主要的抵御兵器就是弓弩。《翠微北征录》中说:"军器三十有六,而弓为称首,武艺一十有八,而弓为第一。"《宋史·兵志》曰:"诸路禁军近法,以十分为率,二分习弓,六分习弩,余二分习枪、牌。"在宋朝的兵器配置比例中,弓、弩占主要位置。而衡量士兵的训练水平,主要看其挽弓的力量和射箭的准确性。《武经总要》规定:"军中教射,先教射击,次教射远。"

宋朝对士兵的训练制定了各种标准,《宋史·卷一百九十五》记载:"殿、步司诸军弓箭手,带甲六十步射,一石二斗力,箭十二,六箭中垛为本等。弩手,带甲百步射,四石力,箭十二,五箭中垛为本等。"另据记载,岳飞、韩世忠挽弓均能达到三百宋斤(1宋斤约折合0.598千克)。在《教法格》(元丰格法)中对士卒的骑射、步射和弩射的考核都有明确的标准。

《大驾卤薄图》描绘了宋朝皇帝出行时的情形,图中士兵和马匹都是全副武装,射箭士兵背箭持弓。根据士兵携带武器装备,应是专门的骑射士兵。

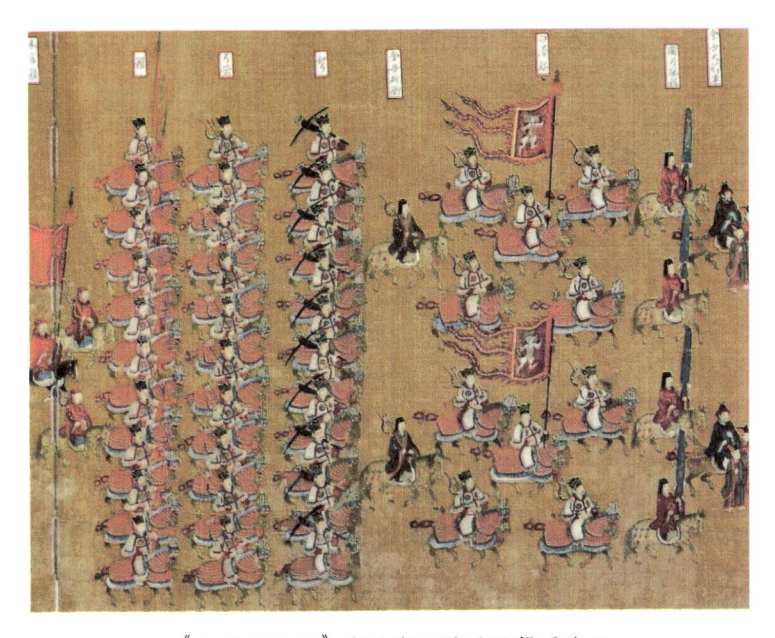

《大驾卤薄图》中的宋代骑兵弓弩手队伍

宋代的习射活动，在民间也非常普及。当时的习射者称为"弓箭手"，民间的武装结社称为"弓箭社"。北宋官府为利用民间武力抗金，一律加以扶持。在宋仁宗时期，仅河北定、保两州，就有接近六百个弓箭社，三万多弓箭手。《宋史·兵志四》："河北州县近山谷处，民间各有弓箭社及猎射人，习惯便利，与夷人无异。"宋代对于弓箭的重视，由此可见一斑。在军队的影响下，民间也形成了蓬勃的弓箭文化。

北宋　张择端《清明上河图》局部

辽、金、元三朝统治者来自北方游牧民族部落，习射是他们生存的基本技能，对射箭技术的重视自不待言。如契丹族的射木兔、女真族的射柳、蒙古族的射狗草等习俗都体现了当时射艺的普及。女真和其他游牧民族一样，擅长骑射。阿骨打"十岁好弓矢。甫成童，即善射。一日，辽使坐府中，顾见太祖手持弓矢，使射群鸟，连三发皆中。"女真的射柳活动是骑射的一项重要活动，《金史·礼志》关于射柳的记述："金因辽俗，重五日插柳球场为两行，当射者尊卑序，各以帕识其枝，去地约数寸，削其皮而白之。先以一人驰马前导，后驰马以老羽横镞箭射之，即断柳，又以手接而驰去者为上，断尔不能接去者次之，或断其青处及中而不能断与不能中者，为负。"

清朝自诩以"骑射立国"。《清史稿·兵志十》曰："以满洲夙重骑射，不可专习鸟枪而废弓矢，有马上枪箭熟习者，勉以优等。"所以清代的射箭活动也十分盛行。清人曼殊震钧《天咫偶闻》记载："国家创业，以弧矢威天下，故八旗以骑射为本务,而士夫家居,亦以射为娱。家有射圃,良朋三五,约期为会,其射之法不一,曰射鹄子。"清朝除了强调军中骑射外,并令八旗子弟以骑射为本务,不得荒疏。《清稗类钞·技勇类》也有记载:"士大夫家居,亦以习射为娱。"康熙六十一年(1722年),将"木兰秋狝"定为恒制,把承德作为专门的射猎场所[1]。

《明宣宗行乐图》局部(北京故宫博物院藏)

清 郎世宁《乾隆射狼图》

---

[1] https://news.cctv.com/special/zgctty/20070626/101873.shtml(传统的武艺活动:射箭)。

故宫博物院藏的《乾隆大阅铠甲骑马像》，描绘了乾隆阅兵时身着铠甲，身挎弓箭的威武形象。

《春郊习射图》描绘了清代皇家习射的情景，春日郊游射箭也成为皇家贵族的常态。

《乾隆大阅铠甲骑马像》（故宫博物院藏）

清 《春郊习射图》（天津博物馆藏）

《乾隆皇帝矢箭图屏》图绘了乾隆皇帝及随从在热河承德避暑山庄试马隶射箭的场面，人物生动，场景写实。图中乾隆皇帝满弓搭箭，已是箭在弦上即将射出；身后一排侍卫候着，其中一人持箭恭立，随时准备递箭；箭靶旁三人准备拾箭。画面生动反映了乾隆在众臣陪同下练习射箭的情景。

清　佚名《乾隆皇帝矢箭图屏》

乾隆把骑射尚武奉为"满洲根本"。从乾隆六年（1741年）至乾隆三十五年（1770年），他几乎每年都要到木兰围场或南苑狩猎。其目的不仅仅是练习马术、箭术，最主要的还有肄武习劳和绥怀蒙古的政治目的。引弓策马、行围狩猎既是满族的传统，又是他们的生活方式。为维系骑射尚武的民族精神，清朝统治者重视行围习武，对八旗子弟的骑射教育常抓不懈。乾隆曾谕诸大臣曰："夫行围出猎，既以操练技艺，练习劳苦，尤足以奋发人之志气。"狩猎骑射和体育锻炼的双重意义显而易见。

《亲藩习射图》表现康熙年间满族贵族们练习射箭的场景。竹林中的开阔地上，几位八旗子弟执弓挎箭，看着远处的标靶，跃跃欲试。坐在椅子上的贵族手持硬弓，投以期待的目光。

清　佚名《亲藩习射图》局部

二、马术

马术，也称骑术，泛指骑马的技术，也就是驾驭和操控马匹的能力。我国古代的赛马、骑射、舞马、马球等都属于马术的范畴。

最早马术是古人们为了生存而进行骑马狩猎的一种技能，后来被运用到军事训练和战争中。随着社会生产力的发展，逐渐融入娱乐和表演成分，进而发展为一种体育休闲活动。

在甘肃河西走廊区域，自古就有匈奴、羌、鲜卑、突厥、大月氏等游牧民族居住生存，在当地的山峡山崖上有大量原始先民刻、画的岩画。其中有相当数量的远古先民骑马狩猎图和作战图。

岩画《狩猎图》（甘肃靖远县吴家川）

石壁岩画共刻有人马各七，除一人作指挥状外，余皆奔而相追，疑为追猎场景。西壁下部刻有一戴冠之人骑于马上，侧旁一人为之牵引。两人左右有犬、羊、鹿为伴[1]。

据考证，有关骑马文化考古资料出土地均在我国古代北方游牧民族的活动范围。《左传》上说："翼之北土，马之所生，无兴国焉。"

---

[1] https://www.sohu.com/a/461622520_507433（甘肃岩画：一部深邃的无声纪录片）。

内蒙古乌德哈布其拉岩画《骑马狩猎》

春秋时期，赛马在诸侯贵族间十分盛行，广为流传。《田忌赛马》就是当时赛马的真实写照。《史记·孙子吴起列传》载："齐使以为奇，窃载与之齐。齐将田忌善而客待之。忌数与齐诸公子驰逐重射。孙子见其马足不甚相远，马有上、中、下辈。于是孙子谓田忌曰：'君弟重射，臣能令君胜。'田忌信然之，与王及诸公子逐射千金。及临质，孙子曰：'今以君之下驷与彼上驷，取君上驷与彼中驷，取君中驷与彼下驷。'既驰三辈毕，而田忌一不胜而再胜，卒得王千金。"此故事一方面说明孙膑的智慧，字里行间也透露出一些信息：王公贵族以赛马为乐，且比较盛行。也说明人们的御马之术达到一定水平。

"胡服骑射"是骑兵作为一个兵种的关键节点，公元前307年，为了应对北方游牧民族"东胡""林胡"和"楼胡"，赵武灵王放弃原有的"车战"模式，"变俗胡服，习骑射，北破林胡、楼烦。"骑兵兵种的出现，促使了骑马技艺的发展，同时也促进了骑射水平的提高。

《左传·昭公二十五年》记载："势不得不变而为骑，骑射所以便山谷也。胡服所以便骑射也，是以公子成之徒，谏胡服而不谏骑射。意骑射之法必有先武灵而用之者矣。"说明骑射在赵武灵王之前就有了，不过是在赵武灵王"胡服骑射"的改革之下才得到大发展。

汉初，为了对匈奴作战，大力发展骑兵。汉文帝十四年（前166年），

汉　画像砖《马阵图》（四川）

一次作战竟"发千乘，骑十万"，为历史罕见。为提高战斗力，每年都要大试骑兵。汉武帝时，增强"八校尉"，其中四校尉专管骑兵，并选择西北六郡善骑射的官家弟子组成羽林军。骑兵为进行战场上的厮杀，需要对马匹有着高超的驾驭能力，以及实现人马的高度默契配合。

汉　画像石《驯马》（陕西绥德）

百戏在汉代非常盛行，马戏是当时百戏活动的主要内容之一。在汉画像石、画像砖中有大量表现骑马及马术表演画面。汉代的马戏表演已有相当高的水平。南北朝时期的马戏，仍带有鲜明的汉代马戏的印记。

汉　画像石《百戏·马术》局部（山东沂南）

在敦煌壁画中，马术内容较为丰富。有许多描绘马术的内容，包括驯马、赛马、舞马等场景。

西魏 《骑马投掷标枪》（莫高窟第249窟窟顶）

北周 《赛马》（莫高窟第428窟东壁南侧）

唐代非常重视骑兵骑术的训练。南宋章如愚辑《山堂考察·论马》记载："（马是）甲兵之本，国之大用，安宁则以尊卑之序，有变则以济远近之行，而兵所以恃以取胜也。"唐代流行打马球，马球运动中要求骑马击球，这就要求马球参与者有更高的驾驭马匹的能力。唐代的多位皇帝酷爱马球，唐中宗"上好击球，由是风俗相尚"（《资治通鉴》卷209），唐僖宗自诩"若应击球进士举，需为状元"（《资治通鉴》卷253），显示其骑马技艺的高超。

唐 《骑马乐俑》（河南省洛阳博物馆藏）

唐代对骑射非常重视，也非常重视养马，《新唐书·兵志》："马者，兵之用也。监牧，所以蕃马也。监牧之制，其官领以太仆。几马五千为上监、三千为中监、馀为下监。"唐太宗认识到打马球对训练骑兵的骑术和射艺都有重要作用，所以他命他的军队和贵族学打马球。史书中在描写将领事迹时，常提及其"善骑射"，如《旧唐书》中记："张士贵者，虢州卢氏人也。本名忽峅，善骑射，膂力过人。""张守珪……守珪仪形瑰壮，善骑射，性慷慨，有节义。"

另外，唐朝皇室贵族也非常重视田猎活动。唐章怀太子墓壁画《狩猎出行图》中可见当时盛况，画面中骏马奔腾，旗幡招展，整个田猎队伍浩浩荡荡，气势宏大，也从侧面显示当时骑射技艺的普及程度之高。

唐　章怀太子墓《狩猎出行图》（陕西历史博物馆藏）

《旧五代史·李存孝传》记载："存孝每临大敌，被重铠橐弓坐槊，仆人以二骑从，阵中易骑，轻捷如飞，独舞铁楇，挺身陷阵，万人辟易，盖古张辽、甘宁之比也。"马上击打兵器的变化，促使马术水平的进一步提高，文中"阵中易骑，轻捷如飞"显示了李存孝娴熟的骑马技艺。

唐代有不少诗人以骑射为内容，对骑射水平进行赞誉。唐代高适《杂曲歌辞·蓟门行五首》："幽州多骑射，结发重横行。一朝事将军，出入有声名。纷纷猎秋草，相向角弓鸣。黯黯长城外，日没更烟尘。胡骑虽凭陵，汉兵不顾身。古树满空塞，黄云愁杀人。"又如唐卢纶《塞下曲》："林暗草惊风，将军夜引弓。平明寻白羽，没在石棱中。"

唐 《骑马俑》（上海博物馆藏）

  唐代马术的表演形式以马球、舞马、马戏为主。唐代马戏表演非常盛行，表演者技艺高超且险象环生。唐代赵璘的《因话录·羽》记载了军中的一项马伎表演"透剑门"。"军中有透剑门伎。大燕日，庭中设幄数十步，若廊宇者，而编剑刃为榱栋之状。其人乘小马，至门审度，马调道端，下鞭而进，铮焉闻剑动之声。既过，而人马无伤。"描写了马伎驾驭马匹通过由剑刃围成的狭窄通道，而确保人马无伤的惊险情形。

《三彩骑马女俑》（洛阳博物馆藏）

唐代的乔彝在观看了马伎演练后，写下《立走马赋》，展现了马伎表演的精彩宏大场面。《立走马赋》中有大量的精彩描写："蹑绝电，踏追风。于是千旗已合。万马既匝。枪垒环回，辕门洞开。纷荧荧以照雪，殷业业以随雷。……寒笳既鸣，攒骑无声。左右交入，奔腾迸集。鸿洞戢香，阴森巍发。挥铁骑以突空，上金鞍而屹立……皆曰若更渡交河，绝大漠。藏铁羽，销金错。横穿马邑，雷鼓出于地中；直上龙城，将军忽如天落……鞭八方之戎羯，豁万里而开拓。骋轻趫之俊艺，突沙塞以取乐。"

唐代的宫廷女性也熟练掌握马上技巧。李濯的《内人马伎赋》："都人士女，杂逻缤纷。或侧肩以驰见，……翘趾金鞍之上，电去而都闲。委身玉镫之傍，风惊而诡谲。人矜绰约之貌，马走流离之血。……始争锋于校场，遽写鞯于金埒。若乃杨叶既指，雕弓斯彀。百步应的，七札皆透。"显示了女伎人的高超技艺。敬括《季秋朝宴观内人马伎赋》："玉勒齐习，周弓并彀。鸿骞龙骞，却略以骁腾；左旋右抽，突绚练而驰斗。沛艾多状，蹁跹不歇。"描绘了女子的马伎表演。《酉阳杂俎》中也记载有"走马击钱""掷豆于刺""立马书写"等绝技。总体而言，唐朝时期的赛马与骑射仍成风尚，有不少人善骑射。唐代画家张萱的《虢国夫人游春图》摹本，可以看到唐朝妇女骑马出行的盛况。

唐　张萱《虢国夫人游春图》

舞马运动是马术运动中极具观赏性的一项。

唐玄宗在举办大型宴会时，常引舞马表演同乐。唐诗《舞马篇》记载："奔尘飞箭若麟螭，蹀景追风忽见知。咀衔拉铁并权奇，被服雕章何陆离。紫玉鸣珂临宝镫，青丝彩络带金羁。"唐诗《舞马词》中的描述："天鹿遥征卫叔，日龙上借羲和。将共两骖争舞，来随八骏齐歌。""彩旄八佾成行，时龙五色因方。屈膝衔杯赴节，倾心献寿无疆。"诗句中"屈膝衔杯"也对应了舞马中的"衔杯"祝寿环节。

鎏金舞马衔杯纹皮囊式银壶于1970年在陕西省西安市的何家村出土。此银壶为盛酒器，形制为我国北方游牧民族常用的皮囊壶现状，壶腹两面以压模方式锤击两匹舞马形象，是唐代银器中的珍品。

宋代同样重视骑射技艺。范纯仁有《骑射》诗云："振臂联驱马，翻身仰射雕。回旋惊电霎，奔突出尘嚣。"南宋周辉的《清波杂志·宣和骑射》中还记载了女性的骑射技术高超，在当时不输男儿[1]。

鎏金舞马衔杯纹皮囊式银壶
（山西历史博物院藏）

晚唐　《张议潮统军出行图》局部（莫高窟第156窟南壁下部）

《大驾卤簿图》局部（中的宋军骑兵形象）

---

[1] https://baijiahao.baidu.com/s?id=170869704895699039（唐宋时期，马术的表演形式）。

宋代的马戏表演技术进一步发展，一个突出的特点是马戏表演的项目更加丰富。对此，北宋孟元老在《东京梦华录·驾登宝津楼诸军呈百戏》中有这样的介绍："先一人空手出马，谓之引马。次一人磨旗出马，谓之开道旗。……又有执旗挺立鞍上，谓之立马。或以身下马，以手攀鞍而复上，谓之骗马。或用手握定镫袴，以身从后鞦来往，谓之跳马。忽以身离鞍，屈右脚挂马鬃，左脚在镫，左手把鬃，谓之献鞍，又曰弃鬃背坐。或以两手握镫袴，以肩着鞍桥，双脚直上，谓之倒立。忽掷脚着地，倒拖顺马而走，复跳上马，谓之拖马。或留左脚著镫，右脚出镫离鞍，横身在鞍一边，右手捉鞍，左手把鬃存身，直一脚顺马而走，谓之飞仙膊马。又存身拳曲在鞍一边，谓之镫里藏身。或右臂挟鞍，足著地顺马而走，谓之赶马。或出一镫，坠身著鞦，以手向下绰地，谓之绰尘。或放令马先走，一身追及，握马尾而上，谓之豹子马。"从中可见宋代马术技艺高超，表演展示了"立马""骗马""跳马""献鞍""倒立""拖马"等技巧。此类技艺表演南宋亦盛不衰，"走马舞刀，百艺俱呈"（《梁梦录·卷二》）。

北宋　佚名《游骑图》

五代　《马术》（莫高窟第61窟西壁）

现存关于舞马的最早记载见于《宋书》。《宋书·武帝本纪》记载："十一月己巳，高丽国遣使献方物；肃慎国重译献楛矢、石砮；西域献舞马。"宋代唐庚曾作诗《舞马行》描述："天宝舞马四百蹄，彩床衬步不点泥。梨园一曲倾杯乐，骧首顿足音节齐。几年流落人间世，挽盐驾鼓不敢嘶。忽然技痒不自禁，俗眼惊顾身颠踬。后生何尝识此舞，谓之不祥固其所。"

到了明清时期，骑术依然作为军队训练的内容，马术的民间表演也有一定发展。在明代的科举考试中，骑射是武举的主要科目。就连乡试，初试合格者还要"以五事试之，曰骑、射、书、算、律"（《明实录》）。清代以骑射立国，自然非常重视子弟骑马技艺的训练和培养。清代继承了历代马戏表演的传统，但随着对外交流，一定程度上也受到西方的影响，表演中也融合了竞技的成分。

五代　房从真《西域人马图》

《马术图》是一幅反映清军进行马术训练的情形，画面描绘了清军在马术训练中的各种骑术，显示各骑士技艺高超，惊险且熟练。由清廷的意大利画家郎世宁绘制的《马术图》绢本设色画。全画长223.4厘米，宽426.2厘米，尺幅较大。此画最初是张贴在避暑山庄的卷阿胜境殿的墙上。描绘了乾隆皇帝和随行官员在山庄观看八旗军马术表演的场景。

清　郎世宁《马术图》（北京故宫博物院藏）

　　由八旗官兵组成的马队，他们在号令旗的指挥下，策马飞奔，为首的背上插旗，紧随后面的人有些骑在马背上耍弄弓箭，有的在马上倒立，有的骑在马上双手还托举着另外一人，最后有的人正在跨上坐骑。骑手们的动作刚劲有力，大胆惊险，充满了力量和运动感，全画场面宏大，人物众多。

《马术图马之马上耍箭》

《马术图之马上倒立》

《马术图之托举》

另外,清代的赛马也是非常流行的。《清稗类钞·技勇类》记载:"不论男女老幼,未有不能骑马者,其男女孩童自五、六岁即能骑马,驰躯于野。"清朝长期受关外生活环境的影响,入关后依然对骑马极其重视和热爱。

《清稗类钞》记载了藏民骑术高超(赛马时):"献艺者着鲜衣、佩剑,肩拖叉子枪,驾快马,由马道飞驰,或马上射节,或马上放枪,道左置的,射箭放枪之中的者,众皆齐声喝彩。或于飞驰时,由马上侧身拾地上物。"显示藏族民众当时赛马的情形。

《西童赛马》出自《点石斋画报》（1897年）

参考文献

[1] 冯国超.中国传统体育[M].北京：首都师范大学出版社，2006.

[2] 崔乐泉.图说中国古代体育[M].西安：世界图书出版社，2007.

[3] 于兆杰.于无声处——汉代画像石中的体育娱乐活动[M].北京：中国纺织出版社有限公司，2023.

[4] 中国画像石全集编辑委员会.中国画像石全集[M].济南、郑州：山东美术版社、河南美术出版社，2006.

[5] 天津博物馆.动境中华古代体育文物展[M].北京：科学出版社，2017.

[6] 刘荫柏.中国古代杂技[M].北京：商务印书馆，2005.

[7] 陈安槐，陈萌生.体育大辞典[M].上海：上海辞书出版社，2000.

[8] 刘朴.汉代画像石中的体育活动研究[M].北京：人民出版社，2009.

[9] 章惠康.后汉书文白对照[M].北京：华夏出版社，2012.

[10] 刘荫柏.中国古代杂技[M].北京：商务印书馆，2005.

[11] 班固.汉书[M].北京：中华书局，2012.

[12] 刘秉果，赵明奇.汉代体育[M].济南：齐鲁书社，2009.

[13] 郑勤，田云清.神奇的武术[M].南宁：广西人民出版社，2003.

[14] 王圻，王思义.三才图会[M].上海：上海古籍出版社，1985.

[15] 刘秉果.中国古代体育简史[M].北京：中华书局，2013.

[16] 黄伟，卢鹰.中国古代体育习俗[M].西安：陕西人民出版社，2004.

[17] 任海.中国古代体育[M].北京：中国国际广播出版社，2011.

[18] 丛书编委会.中国历代体育史话[M].北京：外文出版社，2010.